U0699522

纪念中国人民抗日战争
暨世界反法西斯战争胜利70周年重点出版物

北平抗战实录

永远的丰碑

——北平抗战英雄谱

中共北京市委党史研究室
北京青年报社
编

YSP
北京燕山出版社

图书在版编目（CIP）数据

永远的丰碑——北平抗战英雄谱 / 中共北京市委党史研究室，北京青年报社编 .— 北京： 北京燕山出版社，2015.8
（北平抗战实录）

ISBN 978-7-5402-3940-4

Ⅰ . ①永… Ⅱ . ①中… ②北… Ⅲ . ①抗日战争—民族英雄—生平事迹—北京市 Ⅳ . ① K820.81

中国版本图书馆 CIP 数据核字（2015）第 187568 号

北京市社会科学理论著作出版基金重点资助项目

永远的丰碑——北平抗战英雄谱

编　　者	中共北京市委党史研究室　北京青年报社
项目负责	李满意
责任编辑	海　涵　王梦楠
营销编辑	涂苏婷
责任校对	王　杨　甄　飞
责任质检	吴瑰琦
设　　计	鲁　筱
社　　址	北京市西城区陶然亭路53号（100054）
网　　址	http：//www.bjyspress.com/
微　　博	http：//weibo.com/u/2526206071
微　　信	yanshanreading
电　　话	01065240430；01063581036
印　　刷	北京启恒印刷有限公司
开　　本	710mm×1000mm　1/16
字　　数	260 千字
印　　张	15
版　　次	2015 年 8 月第 1 版
印　　次	2015 年 8 月第 1 次印刷
定　　价	58.00 元
出版发行	YSP 北京燕山出版社 BEIJING YANSHAN PRESS

版权所有　盗版必究

编 委 会

主　　任　谢荫明　余海波

副 主 任　陆　兵　田科武

委　　员　李明圣　陈志楣　范登生　温卫东　刘　鹤　刘　峰

编辑部主任　刘　岳　陈　新

编辑部成员　徐香花（执行）　骆洪刚　宋传信　曹　楠　陈国华　谢燕辰　王　永

盧溝橋盧溝橋
男兒墳墓在此
橋最後關頭已臨
到犧牲到底不屈
撓飛機坦克來
勿怕大刀揮起敵
人跑盧溝橋盧
溝橋國家存亡在
此橋

節錄盧溝橋歌　何彬

XUYAN

序言

中国人民抗日战争，是中国人民反抗日本帝国主义野蛮侵略的正义战争，是世界反法西斯战争的重要组成部分，是近代以来中国反抗外敌入侵第一次取得完全胜利的民族解放战争。北平军民掀起的抗日风暴，是这场反侵略滔天怒潮中的重要组成部分。

从九一八事变后声援东北同胞到“一·二九”抗日救亡运动的兴起，从1933年长城阻敌到卢沟桥事变掀开全民族抗战的大幕，具有光荣爱国传统的北平人民始终站在抗日救亡运动的最前线。

1937年7月29日，北平沦陷。但这座有着古老历史和光荣传统的城市，遇强虏而不退，靠同心渡浩劫。

8年沦陷时期，北平民众坚持敌后抗战，在华北始终高举抗日民族解放的旗帜，增强了全国人民抗日必胜的信心。在今天的门头沟、房山、密云、延庆等地，中国共产党及其领导的八路军开辟平郊抗日根据地，成为华北抗战的重要战略支点和晋察冀边区的屏障和护卫，也是八路军战略反攻、挺进东北的堡垒阵地。

与此同时，北平城内的地下抗日活动从来没有停止，他们杀敌锄奸，向根据地输送人员，筹措和运送物资，进行统战和情报搜集工作，有力支持、配合了抗日武装斗争。

更有成千上万的北平儿女奔赴抗日前线，参加对敌作战和抗日武装，驰骋沙场，为国捐躯。为保卫祖国，支持抗战，许多百姓献出自己的财产和亲人，谱写了许许多多可歌可泣的英雄篇章。

热血与铁骨，铸就了一个不屈的北平！

正当全国人民紧密团结在以习近平同志为总书记的党中央周围，为实现“两个一百年”奋斗目标、实现中华民族伟大复兴的中国梦而努力奋斗之时，我们迎来了抗日战争胜利 70 周年的日子。为了铭记帝国主义侵略的那段屈辱历史，缅怀为国捐躯的先烈，祭奠惨遭荼毒的死难同胞，弘扬以“天下兴亡、匹夫有责的爱国情怀，视死如归、宁死不屈的民族气节，不畏强暴、血战到底的英雄气概，百折不挠、坚忍不拔的必胜信念”为内核的伟大的抗战精神，我们推出这套“北平抗战实录丛书”，力图用感人的故事、翔实的史料、准确的表述、多样的形式，首次全方位、深层次、多角度地记述那段北平人民用血汗铸就的光辉历史，以示纪念。

北平民众为国家独立、民族解放，为中国人民抗日战争及世界反法西斯战争的胜利做出的贡献永垂不朽！

编　者

策划单位：中共北京市委宣传部

支持单位：北京市新闻出版广电局

北京市社会科学界联合会

中共北京市委党史研究室

北京市政协文史和学习委员会

北京市档案局（馆）

北京市文物局

中国人民抗日战争纪念馆等

丛书为“北京市社会科学理论著作出版基金”“北京市优秀图书出版扶持专项资金”扶持项目

目录

1932年8月

聂耳

风云儿女多壮志　一曲旋律天下知

刘　岳

【人物小传】

聂耳（1912—1935年），云南玉溪人。原名守信，字子义（亦作紫艺）。1933年开始为左翼电影、戏剧作曲。1933年，由田汉介绍加入中国共产党。1935年为电影《风云儿女》创作主题歌——《义勇军进行曲》，后被定为中华人民共和国国歌。他开辟了中国新音乐的道路。1935年7月17日，在日本神奈川县藤泽市鹄沼海滨溺水身亡，年仅23岁。

▼ 云南会馆“北漂” 游遍天桥学艺

1932 年 8 月 11 日 12 时 30 分，手提小提琴盒子的聂耳，随着摩肩接踵的人流，走出北平火车站，乘一辆洋车，来到宣武门外校场头条 7 号的云南会馆，住在会馆 1 号房间。

到达北平的当晚，年轻好动的聂耳就和同乡游览了中山公园，晚上 10 点才回到云南会馆。自此一发不可收拾，20 多天里，他的脚步遍及北海、中南海、万牲园（今动物园）、香山……

聂耳不是来北平游览的，而是求学来了。到云南会馆的第 3 天，他就用破木板做了一个乐谱架，搁在箱子上面，放上琴谱，开始了基础练习。小屋又黑又潮，蚊子很多，每天他的脸上、脖子上和手臂上都有十来处蚊子叮咬的红痕。实在没有办法，他就到庭院的槐树下练琴。

9 月中旬，聂耳报考北平艺术学院音乐系。在“党义试题”中，他写了《国难期中研究艺术的学生之责任》；在“国文试题”中，他写了《各自理想的精神之寄托》。充满抗日救亡思想的聂耳的答案，自然不合国民党考官的胃口，结果名落孙山。

但聂耳没有灰心，他找到在北平的俄籍著名提琴

【史迹寻踪】

校场头条

北起达智桥胡同，南至校场口胡同，全长 400 米，宽约 4~6 米。明朝属宣北坊，称将军教场一条胡同。清朝称将军教场上、下头条胡同。民国时期改称校场头条。现属西城区广安门内街道办事处管辖。

云南会馆

1628 年始建于朝内北小街李大受的私寓中，清朝实行满汉分城居住，后迁到宣外校场头条（今 7 号），由乾隆年间熊郢宣、蒋文祚两位云南籍官员捐资兴建。五四运动后，会馆曾住过许多革命先驱志士，如王德三、王复生、王孝达等。

教授、曾经教过冼星海的托洛夫学习。由于聂耳实在付不起高昂的学费，只上了4次课就退学了。告别的时候，托洛夫惋惜地对聂耳说："你是一个顶聪明的孩子，你将来的提琴会拉得不错的。"

除了学习小提琴外，聂耳还几次到天桥，去听民间艺人的演唱，观看富连成班的演出。在天桥"充满了工人们、车夫、流氓无产阶级的汗臭"的环境中，聂耳聆听劳动者的心声。他从下层苦难艺人身上吸收营养，丰富自己的艺术积累。普通北平老百姓誓死不做亡国奴的呼声，深深地感染了聂耳，让他振奋，给他激情。

▼ 十字街头演出　宣传抗日救亡

在北平期间，经上海剧联的介绍，聂耳结识了北平许多左翼戏剧家和音乐家，积极参与北平左翼戏剧家联盟和左翼音乐家联盟的演出活动，宣传抗日救亡，成为北平剧联的活跃分子。

1932年10月28日晚，聂耳与北平剧联的领导宋之的、于伶等人，参加了清华大学毕业同学会为东北抗日义勇军募捐的演出。

清华大礼堂内，挤满了学生，气氛热烈，群情激昂。在老志诚的钢琴伴奏下，聂耳用小提琴拉起《国际歌》。《国际歌》的旋律，吓坏了晚会的主持人。他赶忙把聂耳拉回幕后，请他不要演奏这样的曲子。当聂耳重新回到舞台上时，《国际歌》雄浑有力的旋律又在礼堂中回响，所有的人都激动地站立起来，悲壮的乐曲冲出礼堂，飞向天穹。

在北平的十字街头，聂耳唱起曲调委婉的云南民歌。歌声使过往的行人停下了脚步，人越聚越多。这时，只见一个东北"老大娘"，衣衫褴褛，坐在地上呼天抢地地哭起来，边哭边控诉日本鬼子的罪行。哀怨凄惨的哭声，使在场的中国人怒火满腔。突然，一个身着长衫、留着小胡子的"汉奸"，追逐一个中国姑娘。观看的人们再也无法沉默，"打倒日本鬼子""打倒汉奸"的口号声响成一片。原来，这是聂耳和剧联的同志们上演的街头活报剧。等到国民党警察闻讯赶来，大家一哄而散，又到下一个街头演出去了。

和北平剧联的同志们一起战斗，使聂耳在政治上进步很快，越来越成熟了。他向剧联领导于伶表达了加入中国共产党的愿望。北平剧联地下党组织认为：聂耳已基本具备了入党条件。但考虑到他在北平没有固定职业，将很快离开北平回到上海，就没有为他办理入党手续。

11 月的北平，已是寒风呼啸、雪花纷飞，聂耳的寒衣还在上海的当铺里。11 月 6 日，云南老乡为他凑齐了路费，聂耳依依不舍地告别了北平。

虽然聂耳在北平只住了 3 个多月，但他的生命经受了一次洗礼，他把“泛滥洋溢的热情与兴趣，汇注入巨流的界堤”。

▼ 上海风云儿女　创作不朽旋律

聂耳离开北平时，于伶让他带给上海剧联党组织 3 份材料：一是北平剧联一年来的工作报告；二是聂耳的入党申请及党组织的意见；三是聂耳在北平工作情况的介绍。

1933 年初，经田汉介绍，聂耳加入了中国共产党。

“电通”公司请田汉写一个电影剧本。田汉先交了个剧本梗概，“写在旧式十行红格纸上，约十余页”，名叫《凤凰的再生》。1935 年 2 月，田汉不幸被国民党当局逮捕。“电通”公司为了尽快开拍，决定请人把田汉的文学剧本改写成电影文学剧本。征得田汉同意，影片改名《风云儿女》。

电影的主题歌《义勇军进行曲》，田汉就“写在稿纸最后一页”，原来准备把主题歌写得比较长，因为没有时间，写完两节就丢下了，之后他就被捕了。

1935 年 4 月，传来了国民党当局要逮捕聂耳的消息。党组织为了保护这个年轻有为的战士，批准他先到日本暂避一个时期后，再去苏联和欧洲其他国家学习。

正准备去日本的聂耳，得知《风云儿女》有首主题歌要写，就主动要求把谱曲的任务交给自己，表示到日本以后，歌谱稿会尽快寄回上海，绝不会耽误影片的摄制。

聂耳很快就从日本寄回了《义勇军进行曲》的歌谱，由贺绿汀请上海百代唱片公司乐曲指挥、苏联作曲家阿龙·阿甫夏洛莫夫配器，不久就在影片《风云儿女》中使用了。

不幸的是，《风云儿女》上映没多久，1935 年 7 月 17 日，聂耳在日本藤泽市鹄沼海滨游泳时溺水身亡。他没有看到电影《风云儿女》，也没有听到合成后的《义勇军进行曲》。

【知识链接】

《义勇军进行曲》

1949 年 9 月 27 日，全国政协第一届全体会议通过决议案：中华人民共和国的国歌未正式制定前，以《义勇军进行曲》为代国歌。1978 年，第五届全国人民代表大会第一次会议，将《义勇军进行曲》定为中华人民共和国国歌。2004 年 3 月召开的十届全国人大二次会议通过的《宪法》修正案，正式赋予国歌《义勇军进行曲》以宪法地位。

▼ 用年轻生命谱写　传遍全球的旋律

随着电影的公映，《义勇军进行曲》很快传遍了全球。1936 年，被迫流亡国外的刘良模把这首歌带到了美国。著名黑人歌王保罗·罗伯逊最早在美国演唱了这首歌，并灌制了唱片，将它改名为《起来》。从此，《义勇军进行曲》也在国外唱响了。

陶行知先生在埃及金字塔下，听人唱起过这支令人热血沸腾的歌；梁思成先生在美国讲学时，也曾经看见过一个十来岁的美国孩子，边骑自行车边吹口哨，吹的就是《义勇军进行曲》。

聂耳的生命在 23 岁就画上了休止符。但是，他的生命又是永恒的，聂耳的生命已经融入《义勇军进行曲》的旋律中。

《义勇军进行曲》作为中华民族解放的号角，响彻华夏大地，激励着中国人民战胜日本侵略者，最后迎来了新中国的诞生。

1932年8月

佟麟阁

但使龙城飞将在　不教胡马度阴山

周　进

【人物小传】

佟麟阁（1892—1937年），原名凌阁，字捷三，直隶高阳（今属河北）人。1922年任冯玉祥将军陆军检阅使署高级教导团团长，后任第十一师第二十一混成旅旅长。1926年9月五原誓师后，随部参加北伐。1928年起，任国民革命军第二集团军第三十五军军长兼第十一师师长、第二十九军副军长。1933年5月，参加察哈尔抗日同盟军，任第一军军长兼代理察哈尔省主席。七七事变爆发时，在北平南苑率部抗击日军，7月28日遭日军伏击殉国。

“战死者光荣，偷生者耻辱。荣辱系于一人者轻，而系于国家民族者重。国家多难，军人应当马革裹尸，以死报国。”这是抗日英雄佟麟阁在南苑军事会议上誓死抗击日本侵略者的慷慨誓言。

▼ 投笔从戎 军人模范

佟麟阁幼时发奋读书，熟读经史。在他17岁那年谋得当地县官署一个笔帖式职位，每月领取微薄的收入补贴家用。在做笔吏期间，知高阳为燕王高阳君之故城。燕赵自古多慷慨悲歌之士，代出奇伟义烈之人，其正气蓬勃，深为佟麟阁敬仰。自此他奋然以天下为己任，志存高远。

1911年11月，冯玉祥等举行滦州起义，沉寂的北方，革命空气弥漫。第二年，适逢冯玉祥招募新兵，佟麟阁慕冯玉祥爱国之名毅然投笔从戎。1927年，驻军天水，任甘肃省陇南镇守使，致力于更新吏治，兴办地区福利，深得民心。1928年1月，参加南京国民政府二次北伐，任第二集团军第三十五军军长兼第十一师师长，转战于豫、鲁、冀各省，屡立战功。1929年1月，南京国民政府召开整编会议，冯玉祥的第二集团军为第二编遣区，辖12个师。佟麟阁任整编以后的第十一师师长。冯玉祥曾在《模范军人问答》中这样评价佟麟阁：“他是一个极诚笃的基督徒。能克己，能耐苦，从来不说谎话。别人都称他为正人君子。平素敬爱长官，爱护部下，除了爱读书，没有任何嗜好。”

▼ 飞将犹在 收复察东

九一八事变后，1932年8月，宋哲元任察哈尔省主席，佟麟阁受宋邀请担任察哈尔省警务处长兼领张家口公安局局长。不久，宋哲元奉命率部赴冀东集结待命，委托佟麟阁代理察哈尔省主席兼张家口警备司令。其间，佟麟阁带他的几个孩子在山上骑马，坐在山坡上，遥望东北，顿感祖国江山破碎，深沉地慨叹说："现在如果多几个岳飞这样的人，小日本哪敢这样猖狂？"不久，他便在张家口修建了一座岳飞庙，勉励军民以岳飞为榜样，精忠报国，振奋民族精神，保卫国土。

当冯玉祥与佟麟阁会商组织抗日同盟军时，佟麟阁兴奋地挥笔书写王昌龄《出塞》诗句："秦时明月汉时关，万里长征人未还。但使龙城飞将在，不教胡马度阴山。"以示绝不准日本鬼子跨越长城一步。1933 年 5 月，佟麟阁、高树勋等 14 名将领在张家口联名通电，响应冯玉祥号召，参加抗日同盟军。冯玉祥任命佟麟阁为抗日同盟军第一军军长，仍代理察哈尔省主席。佟麟阁积极与北路前敌总指挥吉鸿昌等密切配合，出兵张北，先后收复察东康保、宝昌、沽源，又乘胜挺进，克复多伦。抗日同盟军军威大振。佟麟阁治军理政，运筹帷幄，筹备军需，安定后方，出版《国民新报》，宣传抗日主张，组织民众武装，救护伤员，收容难民，殚精竭虑，甚获察哈尔省军民的爱戴。但因对日作战和蒋介石、何应钦的军事压迫，抗日同盟军腹背受敌。冯玉祥被迫撤销抗日同盟军，宋哲元回察主政。佟麟阁深感抗日之志未遂，而山河破碎，国运垂危，不胜悲愤，于是退居北平香山寓所，以待报国时机。

【史迹寻踪】

佟麟阁墓

位于香山脚下兰涧沟。1946 年，国民政府将佟麟阁骸骨从柏林寺移葬此地。1979 年，北京市人民政府将佟麟阁墓修葺一新，并树立汉白玉石碑。佟麟阁墓坐南朝北，宝顶为半圆凸形，墓碑字迹清晰，墓地四周整洁、肃穆。1992 年被列为北京市文物保护单位。

▼ 身先士卒 以死报国

华北事变后，民族危机进一步加重。宋哲元再三敦请佟麟阁出山，负责军事。第二十九军师长冯治安、赵登禹、张自忠、刘汝明等亦联袂相邀。佟麟阁感到抗日救国之日到来，回任第二十九军副军长兼军事训练团团长，还兼任大学生军训班主任，驻南苑二十九军军部，主持全军事务。他对人说：“中央如下令抗日，麟阁若不身先士卒行，君等可执往天安门前，挖我两眼，割我两耳。”声情激越，闻者热血沸腾。

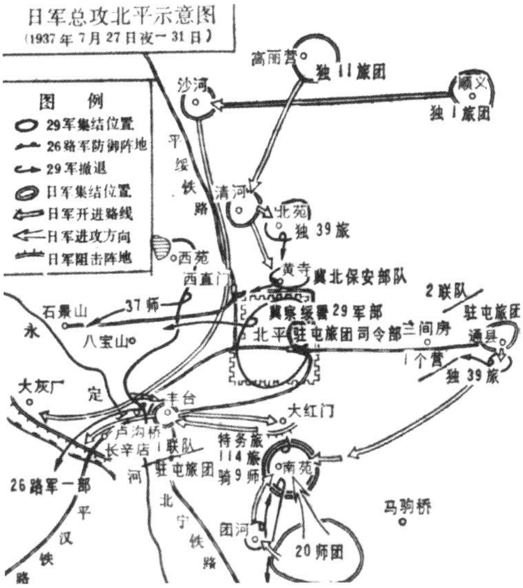

日军总攻北平示意图[①]

1937年7月7日，卢沟桥事变爆发。佟麟阁在南苑召开的军事会议上慷慨陈词：“中日战争是不可避免的。日寇进犯，我军首当其冲。战死者光荣，偷生者耻辱；荣辱系于一人者轻，而系于国家民族者重。国家多难，军人应当马革裹尸，以死报国。”他以军部名义向全军官兵发布命令：凡有日军进犯，坚决抵抗，誓与卢沟桥共存亡，不得后退一步。当时《北平时报》登载一篇文章说：“佟副军长善治军。二十九军纪律严明，勇于作战。而于老百姓则秋毫不犯，佟将军训练之力也。当七七后，军士于烈日下守城，每一队前，置水一桶，用开水以止渴。商民感激欲泣，竞献西瓜，坚却不受。对老百姓恭而有礼，杀敌则勇猛无伦，堪称模范军人。”

7月28日上午，日军步兵在飞机和炮兵的掩护下，突然从东、南、西三面向南苑发起空中和地面进攻。集结于丰台的日军驻屯旅团主力同时向南苑进攻，切断南苑守军北平方向退路。当时南苑守军有二十九军卫队旅、骑兵第九师留守的一部、军事训练团、平津大学生军训班等约两万人。通信设备很快被炸毁，联络中断，指挥失灵，部队各自为战。至下午1时，接到军部命令，佟麟阁立即决定，分散撤出南苑进城。当撤退部队跨过凉水河，到达大

南苑兵营旧址

① 本书正文照片加图注，全书漫画及边栏版块中指向性明显的照片不再加图注。——编者注

红门与红寺之间的南顶路时，与日军遭遇并发生激战。他只得率部由南顶路向北，进入时村。在时村又遭遇日军伏击，佟麟阁腿部受重伤，部下都劝说他尽快撤离，他仍坚持战斗。带伤指挥作战的佟麟阁头部又受重伤，壮烈殉国，时年 45 岁。

▼ 身后哀荣 英名永存

佟麟阁将军是我国抗日战争中为国捐躯的第一位高级将领。他的遗体，由中国红十字会、冀察政委会外交委员会，率警卒 10 余人于 7 月 29 日在大红门寻获。佟将军全身浴血，面目模糊难辨。忠骸运回北平城内，佟夫人及其子女含悲收殓，隐姓埋名，寄厝于雍和宫附近柏林寺。老方丈仰慕将军为国献身的精神，保守寄柩秘密，直到抗战胜利。

1937 年 7 月 31 日，国民政府发布褒恤令，追赠佟麟阁为陆军上将，生平事迹，宣付史馆，以彰忠烈。1938 年 3 月 12 日，中国共产党举办追悼抗战阵亡将士大会，毛泽东称佟麟阁“给了全中国人以崇高伟大的模范”。抗战胜利后，1946 年，为纪念佟麟阁、赵登禹殉国 9 周年，举行了移灵、追悼大会等公祭活动。7 月 28 日，国民政府为佟麟阁举行国葬，由李宗仁主祭，从北新桥柏林寺到香山兰涧沟，沿途设 6 处公祭点，民众自发摆设供桌、祭品。随后，佟麟阁骸骨移葬于北京西郊香山南约 1 公里的兰涧沟山上。同年，北平政府将北平西城的南沟沿命名为“佟麟阁路”。通县亦因佟麟阁在此指挥过抗日，乃命名一条街为“佟麟阁街”，以示纪念。1979 年，国家民政部追认佟麟阁为抗日阵亡革命烈士。2009 年 9 月，佟麟阁被评为 100 位为新中国成立做出突出贡献的英雄模范之一。

1933年3月

何基沣

大刀指向喜峰口　战死光荣偷生耻

黄迎风

【人物小传】

何基沣（1898—1980年），曾用名何艺荪，直隶（今河北）藁城人。先后在长城抗战和卢沟桥抗战中率部抗击日军，以机智顽强的作战风格著称于世。1939年1月秘密加入中国共产党。中华人民共和国成立后，历任水利部副部长、农业部副部长等职。1980年逝世后，遵其遗愿，将骨灰分撒在卢沟桥和淮海战场。

▼ 喜峰口大刀显威

1933年春，雄伟的万里长城仍旧冰雪覆盖、寒意逼人，但却未能挡住日军南下的铁蹄。随着山海关、热河（今河北省、辽宁省和内蒙古自治区交界地带）被日军攻占，战火逼近燕山山脉长城各关口。素有“华北屏障”“冀热咽喉”之称的喜峰口，自然难逃厄运。

3月9日，日军混成第十四旅团到达喜峰口外，并占领口上高地，形势十分危急。当日下午，二十九军三十七师一〇九旅副旅长何基沣，率部先行抵达喜峰口接防。为鼓舞士气，何基沣慷慨陈词：“国家多难！民族多难！吾辈受人民养育深恩之军人，当以死报国，笑卧沙场，何惧马革裹尸。战死者光荣，偷生者耻辱！”

在他带领下，官兵们斗志昂扬，以劣势装备与日军展开激战。由于枪械陈旧，弹药不足，加上山高路滑，士兵发挥二十九军善用大刀的传统，与日军近距离肉搏。10日，三十七师一〇九旅、一一〇旅，三十八师一一三旅前来增援。经过几天艰苦鏖战，喜峰口附近几处高地，得而复失，失而复得，来回拉锯，双方伤亡都很大。经过反复思考，何基沣提议采用迂回的夜袭战术，从后侧背偷袭日军宿营地。

3月11日深夜，身背大刀、腰挎手榴弹的二十九军士兵，踏着冰雪，兵分三路，向日军阵地悄悄贴近。一部由一〇九旅旅长赵登禹率领，从左翼出潘家口，绕至日军右侧背，攻击喜峰口西侧高山之敌；一部由一一三旅旅长佟泽光率领，从右翼经铁门关出董家口，绕至敌左侧背，攻喜峰口东侧高山之敌；一部由一一〇旅旅长王治邦率领，迎击正面之敌。在夜幕的笼罩下，中国官兵们如从天降，挥舞着大刀，向沉睡的日军砍去，沉寂的山头，顿时杀声震天。

狂妄的日军根本没料到中国军队会在雪夜偷袭，毫无防备，伤亡惨重。12日，日军增援并调飞机轰炸，两军一度对峙。由于二十九军官兵的英勇抗击，日军攻占喜峰口的企图未能得逞。

何基沣因战功晋升为一一〇旅旅长。5月31日，国民政府与日本签订《塘沽协定》，整个长城抗战以失败告终。

▼ 中南海歌声震敌

1936年，随着日军侵华步伐加速，上任不久的日本华北驻屯军司令田代皖一郎和北平特务机关长松室孝良，企图软化二十九军军官和士兵，达到不战而占华北，进而吞并全中国的目的。

6月6日，冀察政务委员会在北平中南海怀仁堂举行中日军官联欢宴会。中方出席的有二十九军军长宋哲元、二十九军副军长兼北平市市长秦德纯、三十七师师长兼河北省主席冯治安、三十七师一一〇旅旅长何基沣、三十八师一一四旅旅长董升堂、二十六旅旅长李致远等。日方有日军北平特务机关长松室孝良、冀察政务委员会军事顾问松岛、樱井德太郎及日军驻北平附近部队一些军官参加。宋哲元、松室孝良先后发表讲话，大意是中日是同种同文的国家，应该力求“亲善”。随后中日军官交叉排列合影，以示友好。

宴会开始了，照样每桌安排四五位中国军官坐主位，三四名日本军官坐客位，一派“和睦”景象。酒酣正浓之际，松岛突然开始跳舞，继而舞刀，神情十分狂妄，气焰非常嚣张。顿时宴会厅气氛急转直下，“亲善”气息荡然无存。二十九军军官们义愤填膺，争相出场舞拳，誓与日军一决高下。董升堂跳到席位中间打了一套八卦拳，李致远也打了一套国术。

何基沣按捺不住满腔激愤，纵身跳上一张桌子，高声唱起《黄族歌》：“黄族应享黄族权，亚人应种亚洲田。青年青年切莫同种自相残，坐教欧美着先鞭。不怕死，不爱钱，丈夫绝不受人怜……”在激昂的歌声中，二十九军军官们纷纷拿出大刀，准备随歌起舞。

霎时，席间气氛万分紧张，呈一触即发之势。日本军官们见势不妙，连忙将宋哲元、秦德纯等高高举起来，二十九军军官们也把松室孝良、松岛等举过头顶。联欢宴会不欢而散，二十九军军官们雄赳赳、气昂昂地迈出了怀仁堂。

▼ 谈判场威武不屈

1937 年 7 月 7 日夜，卢沟桥事变爆发。二十九军官兵的坚决抵抗，打乱了日军的作战计划。为等待援兵，日军几次提出谈判以拖延时间。7 月 10 日上午，中日联席会议在秦德纯住所召开。会上，日本驻屯军参谋长桥本群傲慢地从口袋里掏出一张纸，代表驻屯军司令念道：“1937 年 7 月 7 日夜，贵方在卢沟桥率先开火的不幸事件，本驻屯司令官表示遗憾。”

话音刚落，何基沣立即反驳：“这是颠倒黑白！7 月 7 日晚上 10 点 40 分，是你们在卢沟桥畔率先开枪。”面对桥本群的狡辩，何基沣语气坚定地说：“请将军接受我的忠告，贵军还是后撤的好，否则不愉快的事情还将发生！”桥本群坚持要求中国军队撤出宛平城。何基沣大声笑道：“桥本先生，请去问问卢沟桥上的狮子，如果桥上的 400 多只狮子异口同声让你们过去，我就后撤！”他接着对日方代表愤怒地说：“你们要知道，中国人不是好欺侮的！中国的军队也不是好惹的！中国的领土一寸也不让人践踏！”

日方代表恼羞成怒，用武士刀直逼何基沣，何基沣毫无惧色，掏出手枪对准日方代表。眼看就要吃亏，日方只好息事宁人。由于日方提出的无理要求遭到严词拒

【知识链接】

二十九军大刀队与《大刀进行曲》

九一八事变后，为抗击侵华日军，二十九军决定建立大刀队，并聘请武术名师李尧臣等担任武术教官。李尧臣创编了一套适于近身肉搏的“无极刀法”，能劈能刺，简单易学又实用。副军长佟麟阁亲自下部队视察示范，很快二十九军的白刃战技能得到极大提高。在喜峰口抗战和卢沟桥抗战中，二十九军大刀队重创日军，英雄事迹传遍全国。1937 年 7 月，正在上海进行抗日活动的作曲家麦新，有感于大刀队的英勇事迹，一气呵成谱写了《大刀进行曲》的词曲。这首诞生在中华民族奋起抗击日本侵略者炮火声中的时代战歌，激发了中华儿女的爱国豪情。成千上万的青壮年唱着这支歌参军入伍，走向抗日的前线。

绝，谈判无果而终。与此同时，日军却从各处调集重兵，向宛平城集结。7 月 28 日，日军在援兵到达后向二十九军军部驻地南苑大举进攻，二十九军副军长佟麟阁、一三二师师长赵登禹以身殉国。陷于孤立无援之境的二十九军被迫撤离北平。7 月 29 日，北平沦陷。

▼ 大名府视死如归

7 月 30 日夜，何基沣指挥所部掩护二十九军撤退后，满怀悲痛地离开了北平。8 月初，何基沣率部沿津浦线边打边撤，阻滞日军前进，并在津浦线沧州、泊头、德州等地多次进行血战。9 月初，何基沣升任七十七军一七九师师长。10 月中旬，七十七军部队陆续到达大名附近。第一集团军总司令宋哲元决定主动向日军发起一次进攻，由何基沣率一七九师负责大名外围防卫，其他部队分路向邢台集中，以图攻下邢台，拿下石家庄。

11 月 1 日，行动开始，但部队动向很快被日军侦获。日军由邯郸派出一个混成旅团的兵力，配备多辆坦克，直奔大名。很快，成安县城失守，日军逼近大名西北数十里的魏县镇，何基沣亲临指挥，但在日军飞机和坦克的联合轰炸下，魏县镇也失守了，何基沣率部退守城垣。日军迅速占领城北高地的外国教堂，并从北面发起主攻。

傍晚，在城北激战了一天的何基沣，想请几位旅长一起研究调整作战部署时，却发现守城的两个旅长率部溜走了，城内只剩下一个师部。在何基沣的率领下，将士们坚守阵地，寸步不让。城墙炸塌了，用麻袋装上泥土重新垒上；城门失陷了，顽强地展开巷战。

11 月 10 日，与日军恶战三天两夜后，中国军队弹尽粮绝，失守大名府。何基沣决心以死报国，坚持不愿撤退，部属只好强行将其拽走，从漳河南渡撤至南乐。当何基沣向宋哲元报告部队不听指挥、大名失守的情况时，却接到总部责问其撤退的电报。思前想后，何基沣悲愤至极，举起手枪对准自己头部，幸好副师长曾国佐在旁拉住他的右臂，子弹偏离头部，从左胸穿过。在抢救时，他们发现何基沣身上有一张墨迹未干的纸条：不能打回北平过元旦，无颜面对燕赵父老……经医生的全力抢救，何基沣幸运地逃过鬼门关，继续奋战在抗日的前线。

1933年3月

赵登禹

虎将卢沟凝碧血 北天晓月照丹心

周 进

【人物小传】

赵登禹（1898—1937 年），字舜臣，山东菏泽人。1914 年加入冯玉祥的部队，后任冯的随身护兵。1926 年参加北伐。1933 年，任第二十九军第三十七师一〇九旅旅长，后任第一三二师师长。1937 年 7 月 28 日，在南苑战斗中殉国。

赵登禹与佟麟阁将军，都是七七事变中率部奋勇抗日以身殉国的著名抗日将领。冯玉祥曾这样评价他："为人忠诚勇敢，勤苦耐劳，生得身体魁梧，臂力过人，因为他曾只手捕虎，所以绰号'打虎将军'。"

▼ 投奔冯玉祥　常德打猛虎

赵登禹幼年因家中贫穷，只读过两年私塾，就拜师习武。他刻苦练功，武艺超群。1914 年，年仅 16 岁的他即投身冯玉祥部。在一次与冯玉祥摔跤角力中，他把冯玉祥摔倒 3 次。排长责怪，他却说："不摔倒，怎定输赢？"冯玉祥不仅没有责怪他，还把他收为随身卫兵。

1918 年冯玉祥驻防湖南常德，赵登禹随往。境内有常德山，一次执行任务，需翻过山。已闻山中有虎伤人，他还只身上山，空拳击虎，虎奄奄一息。冯玉祥知悉后拍下照片：只见一魁壮军人骑于虎背，左手抓住虎头右拳高举，作打虎状。冯玉祥将照片登报后保留下来，直至 1937 年 7 月 28 日赵登禹抗日殉国后，他取出照片写下"民国七年的打虎将军"，署名"冯玉祥"。

▼ 夜袭喜峰口　大刀惊日寇

九一八事变后，东北落入日寇魔掌。国家灾难、民族耻辱震撼着广大爱国官兵。在第二十九军军长宋哲元提出"宁做战死鬼，不作亡国奴"等口号的鼓舞下，赵登禹率部进行各种实战训练。当时，第二十九军武器装备非常简陋，枪械严重不足，无奈，他们自制了一批大刀发给战士们，以补枪械不足。为此，赵登禹亲自给士兵们做示范，演练大刀劈杀要领，督促他们勤学苦练基本功。

1933 年 3 月，长城抗战爆发。3 月初，日军铃木师团抵达喜峰口。喜峰口是长城线上一个重要关口，对确保平津、华北安全至关重要。因此，必须抢占有利地形，阻止敌人入侵。二十九军军部经反复研究，任命赵登禹为长城前线作战总指挥。赵登禹接到命令，立即派二一七团火速前往喜峰口。此时日军已占领有利地形——喜峰口东北高地。增援部队与日军经过几个小时肉搏拼杀，将高地夺回，但日军倚仗机枪、大炮又将高地占领。赵登禹率后续部队赶到后，亲自带领一〇九旅将士将高地夺回。3 月 10 日拂晓，日军倾巢出动，向高地猛攻，赵登禹命令将士按兵不动，直到日军临近，一声呐喊，将士挥动大刀向日军冲去，赵登禹腿部受伤，仍坚持前线指挥。他们只有简单的武器，与配备精良的日军反复冲杀一天，一些阵地失而复得，得而复失，双方都伤亡惨重。

赵登禹见敌我武器装备悬殊，考虑应发挥我方长处，利用近战、夜战出奇制胜，宋哲元批准了他们的计划。3 月 11 日夜，赵登禹亲率所部携带大刀和手榴弹，分路夜袭攻击喜峰口日军营地。尽管腿上枪伤疼痛难忍，他仍拄着木棍，走在部队的最前面。

防守日军没有料到，漆黑的深夜会有中国军队从天而降。当夜袭的将士手举大刀冲入日军营房，日军从睡梦中惊醒，眼见明晃晃的大刀飞舞，来不及反抗就成了刀下鬼。赵登禹亲自挥刀上阵砍杀，两口战刀均被砍缺了刃口，左腿在战斗中又负轻伤。此次夜袭砍杀日军铃木旅团众多日军，中国军队取得了自九一八事变以来的又一次大胜，史称“喜峰口大捷”。

大刀队吓破了日军的胆，从那以后，日军特别打制了铁项圈套在脖子上。喜峰口大捷让赵登禹所率的大刀队一举成名，作曲家麦新后来为此谱写了《大刀进行曲》，传遍了华夏大地。南京国民政府向赵登禹颁发“青天白日勋章”，一〇九旅编为一三二师，赵登禹晋升为该师师长。

▼ 张北两事件　寸步不退让

秉性刚烈、民族自尊心极强的赵登禹，无法容忍日军对中国人的血腥屠杀，不仅勇于在战场上痛击日军，战场下也敢一再违抗上级“隐忍”的训示，与日军针锋相对，毫不退让。

1933 年 9 月，赵登禹率部进驻察哈尔省张北县后，就“制造”了两次轰动一时的“张北事件”。一次是 1933 年 10 月 27 日，8 名日本人途经张北，不仅不按规定接受赵登禹部队检查护照的要求，还有意挑衅。为了维护民族尊严，赵登禹下令挑选 100 名身强力壮的士兵，带着上刺刀的步枪，一边高喊口号，一边在这 8 名日本人面前走正步，吓得这几名日本人赶紧道歉走人。另一次是 1935 年 5 月 31 日，有 4 个日本人偷偷潜入阵地，偷绘驻防布阵图，赵登禹果断将他们扣押。日本人抓住两次“张北事件”大做文章，南京国民政府再次妥协退让，6 月 19 日以“屡生事端”为由，免去宋哲元察哈尔省政府主席职务，任命省民政厅厅长秦德纯暂为代理。秦德纯随后与日本代表土肥原签订了屈辱的《秦土协定》。随后，赵登禹及所部随二十九军移驻北平附近。

▼ 南苑杀敌勇　殉国英名扬

七七事变后，日军加速向华北派兵。1937 年 7 月 25 日，日军在经过充分准备后对驻防平津的二十九军大举进攻。28 日上午，日军向南苑二十九军军部驻地发起总攻。宋哲元任命赵登禹为南苑方面指挥官，赵登禹召集在南苑的各部官长开会，鼓励大家说：“军人抗战有死无生，卢沟桥就是我们的坟墓。”

由于敌我力量相差悬殊，二十九军伤亡较大，日军从东、西两侧攻入南苑，双方陷入肉搏战。此时，赵登禹临危不惧，指挥二十九军卫队旅和军训团学生队，与日

军展开激烈厮杀。这时，部队突然接到上级命令，要赵登禹指挥部队后撤到大红门一带。日军窥出赵登禹的意图，抢先在南苑到大红门的公路两侧架起机枪封锁道路。赵登禹乘坐的车子行到大红门附近时被炸毁，他身受重伤，警卫劝其撤退到安全地方，赵登禹不肯，带领部队向日军反击。这时，一枚炸弹飞来，炸断了他的双腿。赵登禹醒来含泪向传令兵说：“军人战死沙场没什么悲伤的，只是老母年事已高，受不了惊慌。回去告诉她老人家，忠孝不能两全，她儿子为国而死，也算对得起祖宗……”说完就停止了呼吸，时年 39 岁。

赵登禹与同在南苑战斗中牺牲的第二十九军副军长佟麟阁，是全面抗战爆发后中国军队最早战死疆场的两位高级将领，他们的壮烈牺牲，在全国引起了巨大震动，全国各地都举行了悼念两位抗日英烈的活动。宋哲元得知赵登禹牺牲的消息，捶胸顿足，失声大哭，说：“断我左臂矣，此仇不共戴天！”赵登禹的老上级冯玉祥得知他的死讯，更是悲痛不堪，挥笔写下了《吊佟赵》诗，以寄哀思。延安军民也为佟麟阁、赵登禹两位将军举行了隆重的纪念活动。毛泽东同志高度评价赵登禹等国民党抗日将领，称赞他们“给了全中国人以崇高伟大的模范”。

为表彰赵登禹抗日杀敌、为国捐躯的功勋，1937 年 7 月 31 日，南京国民政府追赠赵登禹为陆军上将。1946 年，北平各界举行公祭赵登禹仪式，由李宗仁、冯玉祥等联名发出的公祭文启，对赵登禹做出了高度评价。何基沣奉冯治安之命到北平，将赵登禹和部分二十九军阵亡将士忠骸迁葬于卢沟桥畔西道口，实践了“卢沟桥是二十九军坟墓”的誓言。同年，北平市政府将北沟沿更名为“赵登禹路”，以示纪念。新中国成立后，中央人民政府对赵登禹为国捐躯的英勇壮举做了表彰，确定赵登禹将军为抗日烈士。

赵登禹将军之墓

1933年5月

张克侠

潜伏敌营十九载　官至中将获赠剑

周　进

【人物小传】

张克侠（1900—1984年），原名张树棠，河北献县人。早年毕业于保定陆军军官学校，1929年加入中国共产党。九一八事变后，先后任二十九军副参谋长、五十九军参谋长。解放战争时期，任国民党第三绥靖区中将副司令。1948年11月，根据党的指示，在淮海战役前线率部起义。新中国成立后，先后任华东军政委员会农林部长，国家林业部副部长兼林业科学院院长、党组书记等职。

张克侠在国民党军中素有“智囊”“夫子”之称，美国记者史沫特莱称他为“在华中前线所结识的一位出类拔萃的人物”。长期以来，他利用国民党高级将领的身份和与冯玉祥将军的连襟关系，遵照党的指示，以过人的才智和胆识，为党秘密地做了大量工作，争取、团结了一大批国民党爱国将领和士兵，为积极抗战和解放战争的最终胜利做出了重要贡献。

▼ 军中一智囊　红心向着党

1918 年，张克侠与通县姑娘李德璞（后改名李英）结婚。想不到这桩普通的婚姻，对张克侠的一生产生了重大影响。因为李德璞的姐姐李德全后来与冯玉祥将军结婚（冯的前妻刘德贞在 1923 年因病去世，1924 年冯续娶李德全），张克侠与冯玉祥成了连襟，这为以后他在西北军中的长期立足，提供了一个重要条件。

1926 年 9 月，冯玉祥部队五原誓师北伐，张克侠离开广东，回到冯玉祥的西北军任学兵团中校副团长。此时，身在苏联的李德全寄来一封信，希望张克侠去莫斯科学习。1927 年春，张克侠辗转到了莫斯科，进入中山大学学习。他在这里接受了进步思想，提高了革命觉悟，向党组织递交过入党申请书，但组织上还没来得及批准他入党，由于蒋介石叛变，大革命失败，张克侠等就被校方送回国内。

不过，张克侠在离开苏联回国前，党组织派人与他谈话，指出：“目前中国革命正受到严重威胁，国内白色恐怖猖獗，大批共产党员和革命群众被杀害。你能在这样的时刻提出入党申请，难能可贵。尽管你在莫斯科未能入党，但和你一同回国的张振亚（张存实）会向国内党组织汇报你的情况，希望你回国后继续争取。”

由此，张克侠知道张振亚是中共党员，况且在张振亚当冯玉祥的随从副官时他们就相熟。于是在归国途中，张克侠向张振亚再次谈起自己的入党愿望。张振亚说：“你的问题，回国后我一定向党组织反映，有什么消息，我会马上通知你的。”

回国后，几经辗转，张克侠终于和党组织取得联系，并成为一名由周恩来亲自批准并领导的特别党员，奉命长期潜伏在国民党内部。

按照党的指示，张克侠重返西北军，担任张自忠任师长的第六师少将参谋长。1933 年 5 月，冯玉祥将军与中共合作，在张家口组织察哈尔民众抗日同盟军，张克侠被任命为同盟军高级参谋。由于各地前来张家口参加抗日的学生很多，冯玉祥决定开办一个干部学校，由张克侠任校长，冯玉祥为名誉校长。同盟军失败后，张克侠返回陆军大学。

▼ 秘密做统战　积极备抗日

1935 年底，张克侠陆军大学毕业返二十九军三十八师任师长。翌年，调任二十九军副参谋长兼三十八师参谋长。他不仅与王世英、南汉宸、彭雪枫、杨秀峰、刘清扬、萧明等共产党员有联系或合作，而且把中国共产党提出的抗日民族统一战线的主张与号召，作为他在二十九军工作的指导原则，积极进行抗日准备。张克侠按照党中央要二十九军不要妥协、积极对日作战、发动群众、支援抗战的指示精神，克服二十九军内部消极抗战的阻挠，提出集结兵力、主动攻击敌人的作战方案，计划在日军增援之前，以二十九军优势兵力，一举消灭在华北的两万日军。张克侠将作战计划交萧明报送党的领导，刘少奇亲自批示同意了这一作战计划。但由于种种原因，该计划未能实现。

七七事变爆发后，中国共产党发出了《为日军进攻卢沟桥通电》，要求宋哲元立刻动员全部二十九军开赴前线应战。事实上，当时宋哲元正在山东乐陵老家休养，二十九军各部仍照旧分散驻在各地，形势十万火急。因此，邓哲熙、赵登禹和张克侠乘飞机紧急去接宋哲元回来主持大计。张克侠报告何应钦请宋哲元回北平准备作战，宋哲元犹豫不决。

张克侠借着机会，说现在已到了民族存亡关头，不战，将成民族罪人；战而不胜虽败犹荣。又说，按现在敌我形势，我军占优势，可以在敌人增援前，抓住战机击败敌人。张克侠又连夜拟了一份作战计划，大致与上次给党组织的计划相同。第

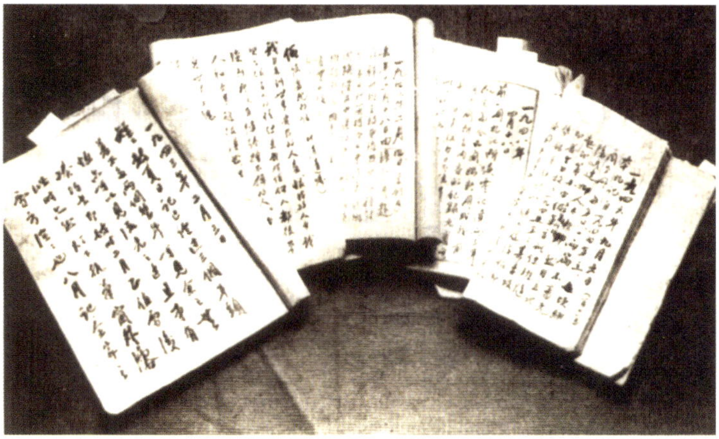
张克侠日记手稿

二天，张克侠将计划送交宋哲元。

宋哲元到北平后，与日本代表谈判交涉，暂停军事准备。但日军利用与宋哲元讨价还价的时机，不断向华北增兵。为挽救危局，张克侠几次建议宋哲元，将在南苑的二十九军军部和军队移至便于指挥作战的地方。宋哲元担心此举会引起日本人的怀疑，不允许军队调动和军部转移。7月27日傍晚，日军逼近南苑，马上要发动进攻。宋哲元匆匆下令军部移进北平城内怀仁堂，令赵登禹去南苑指挥部队。

晚上张克侠向赵介绍了南苑部队的情况，随后立即撤至北平城内。南苑一战，由于事先准备不足，未构筑有效防御工事，部队损失惨重，佟麟阁、赵登禹为国牺牲。此时，日军已经兵临城下了。

杨秀峰、张申府、张友渔3位教授奉党的指示找到张克侠，谈到城防空虚，准备发动群众帮助守城。又因为有消息说中国军队收复了丰台，几人提出利用这一胜利，召开一个庆祝大会，借此来激发将士的抗战士气，动员群众支援抗日。

张克侠为此事积极奔走。不料，28日下午，宋哲元召开军政首脑会议讨论撤退问题，因为张克侠坚决主战，宋哲元怕他在会上提出异议，未通知他参会。张克侠向宋哲元报告情况，但宋推托说军队都不能打，老百姓又何能为，且闭口不提撤退之事。

当天夜里张克侠回到怀仁堂，而后接到张自忠的通知：宋哲元和部队已经从西面绕过卢沟桥撤向保定了，明天清晨日军就要进城。张克侠听到后，犹如遭遇晴天霹雳，马上把这一突变告诉刘清扬等同志。刘清扬、杨秀峰等迅速组织力量转移，使大批革命志士、抗日骨干及时安全撤出，免遭日军毒手。

▼ 辗转离北平　设法赴前线

张克侠（左四）与周恩来（左六）等在武汉合影

7 月 29 日，汉奸江朝宗主持的“北平地方维持会”成立。张自忠躲进东交民巷，设法逃到天津，后乘船去了山东。张克侠别无他法，只好先在北平隐蔽起来，直到八一三淞沪抗战的消息传来。张克侠忧心如焚，日夜企盼到南方前线去奋勇杀敌。

他设法托在天津经商的表弟房兆梁想办法。房兆梁寄来很多做生意的证明，8 月 21 日，张克侠与李连山乘火车去天津。不料在天津火车站遭到敌人大搜查，房兆梁把张克侠送到英租界一位亲戚家中。几天后，他们乘英国轮船到烟台，转往济南。张克侠随即辗转寻找冯玉祥，先后担任冯玉祥的第六战区司令部高级参谋、副参谋长等职。1938 年，张克侠随冯玉祥到武汉，在那里他第一次见到了领导武汉八路军办事处工作的周恩来。1939 年，张克侠任国民党五十九军参谋长，后任三十三集团军参谋长、副总司令等职，被授予中将军衔，转战山东、河南一带抗日。

▼ 获赠中正剑　淮海立功勋

张克侠的步步高升，固然得益于冯玉祥将军的器重，但也与他本人的军事素质、卓越才华是分不开的。他受过正规的军事教育，聪颖过人，既富有军事理论素养又能带兵打仗，还能运筹帷幄，参赞戎机。他曾在台儿庄大战中，协助张自忠指挥五十九军痛击板垣师团，从此声名鹊起，享有很高威信。抗战胜利后，蒋介石颁发了一批佩剑，名曰中正剑，张获赠一柄，故人称张克侠“佩剑将军”。

1947 年 10 月，国民党徐州“剿总”又成立了第三绥靖区，令张克侠任副司令官。他利用这一职务，获取了徐州“剿总”的各种机密情报，派人秘密送往华东野战军司令部。遵照党的指示，1948 年 11 月 8 日，张克侠与何基沣率第五十九军两个师、第七十七军一个半师共 2.3 万余官兵，在淮海战役前线——贾汪、台儿庄防地举行起义。

这次起义，敞开了徐州的东北大门，使人民解放军得以直捣徐州，并切断黄百韬的退路，对淮海战役的胜利起到了重要作用，受到了毛泽东主席、朱德总司令的通电嘉勉。

1950 年 3 月 7 日，中共中央组织部做出了《关于张克侠党籍问题的决定》，决定说："我们认为张克侠同志虽然在国民党军队工作，但 1929 年入党以来，一贯与党保持联系，设法为党工作，并有成绩，故其全部党籍，应予承认。"

自 1929 年以来，在国民党军队中坚持了 19 年地下工作的张克侠，终于回到了党的怀抱中。

1933年9月

吉鸿昌

辗转不忘抗日志“是为时代而牺牲”

杨华锋

【人物小传】

吉鸿昌（1895—1934年），字世五，生于河南省扶沟县。1913年加入冯玉祥部，曾任宁夏省政府主席。1930年，任国民革命军第二十二路军总指挥兼第三十军军长及三十师师长。1932年加入中国共产党。1933年，筹组察哈尔民众抗日同盟军，任北路前敌总指挥。1934年11月24日，在北平炮局监狱牺牲，时年39岁。

扫一扫，看爱国将军吉鸿昌

河南省扶沟县吉鸿昌烈士纪念馆里，陈列着一个细瓷茶碗，上面烧制有“作官即不许发财”字样。这个茶碗是吉鸿昌将军生前所用，跟随他走南闯北直到牺牲，上面题字是他亲笔所写。

吉鸿昌用过的瓷碗

▼ 英雄明志　积极抗日

1930 年，国民党向中央苏区发动反革命“围剿”，蒋介石令吉鸿昌进攻鄂豫皖革命根据地，并对吉鸿昌采取恩威并施的伎俩，给他送来了河南省主席委任状。

吉鸿昌不愿执行“中国人打中国人”的政策，拒绝了高官厚禄，撕毁了委任状。为此，他被蒋介石撤销职务，被迫“出国考察实业”，实则是变相流放国外。对此，吉鸿昌挥笔写下“松间明月长如此，身外浮云何足论”的条幅以明心迹。

在国外，吉鸿昌每到一处都向侨胞宣传抗日救亡的道理，侨胞们十分振奋。在一个集会上，一位青年侨胞高喊：“吉将军，你快回国把军队整顿起来！我们一定做你的后盾！”

吉鸿昌激动地说：“我一定不辜负同胞们的热望，誓死也要把日本帝国主义赶出中国，中国人绝不能做外国人的牛马！”他振臂高呼：“打倒日本帝国主义！还我河山！”数千名侨胞群起响应，整个会场沸腾起来。当场就有十多个青年侨胞要求跟着吉鸿昌回国抗日。

▼ 袒露胸膛　带头冲锋

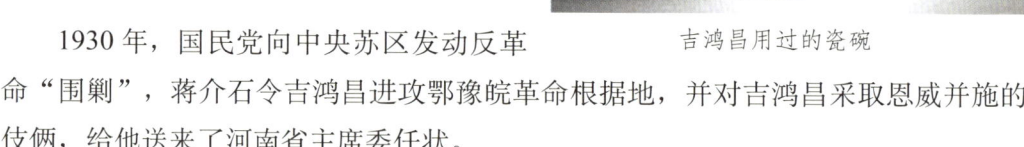

淞沪抗战爆发后，吉鸿昌秘密回国。1933 年，吉鸿昌筹组察哈尔民众抗日同盟

军，攻克了塞外重镇多伦，击毙日伪军千余人，声威大震。9月，部队进入平北山区，陷入国民党重围。

10月8日，同盟军在小汤山突围。吉鸿昌对部队进行战前动员，下午4点，国民党5个师与日军相配合，在飞机和迫击炮的狂轰滥炸下，逐渐从四面缩小包围圈。

同盟军将士们在吉鸿昌指挥下，冒着敌人的炮火，以连为单位，各班战斗小组散开交替跃进；骑兵部队躲过正面炮火，从左翼向敌人阵地后方迂回；同时，山炮猛轰，掩护部队前进。经过3个多小时的浴血奋战，同盟军逼近小汤山。

吉鸿昌见夺阵在即，忽然一跃而起，扯掉上衣，袒露胸膛，一手端枪，一手举起大刀，带头冲锋。全军为之鼓舞，将士们齐刷刷站立起来，端着枪，呐喊着，一鼓作气击溃了进犯之敌。小汤山的敌人溃退到了沙河一线，留下4门山炮和一片死尸。当晚，同盟军进占小汤山休息整顿。

吉鸿昌为了保存抗日火种，接受了国民党当局的调停条件，含泪离开了部队。抗日同盟军在日、蒋夹击下失败了。

▼ 打牌换座　躲过暗杀

1933年10月，吉鸿昌秘密回到天津，他在法租界的家很快成为中共的秘密活动联络站。他与共产党员南汉宸、宣侠父等人以打麻将、会友、听戏、娱乐为掩护，联络抗日反蒋力量。1934年5月，吉鸿昌组织成立了“中国人民反法西斯大同盟”，引起了国民党当局的注意。南京当局密令刺杀吉鸿昌等人，暗杀任务由军统北平站长陈恭澍全盘负责。

这时，吉鸿昌已在法租界国民大饭店38号房间开辟了新的秘密联络点。11月9日，经任应岐联系，吉鸿昌与李宗仁的代表刘少南见面会谈。为了防备万一，吉鸿昌临时又改在45号房间与代表会谈。

此时，吉鸿昌等正在45号房间内借打麻将掩护研究工作。屋门半开着，门口的屏风挡住了视线。特务们便找来一个小皮球在楼道里佯装玩拍球游戏，当饭店茶役走进45号房送水时，特务便假装把球拍了进去，然后借口找球进屋侦察情况，查看各人所在位置。侦察结果是吉鸿昌穿一身白裤褂，离暖气较近。偏也凑巧，就在特务外出汇报之时，屋里面打牌正好4圈结束，重新搬庄换门，吉鸿昌坐到对面去了。因为离暖气管子远，他就又穿上了棉袍。而原来坐在对面的刘少南，就移到吉鸿昌先前坐的位置上。因为离暖气管子近，他也就脱了棉衣，恰巧也穿的是一身白裤褂。

特务闯进来，朝身处刚才报告位置、穿白小褂的刘少南打了一枪，刘少南当场身亡。吉鸿昌大喊一声，立刻站起来揪特务，特务扭头就跑。由于子弹射的距离很近，力量很大，子弹碰到洋灰地又弹了回来，正好擦伤了吉鸿昌的肩膀。

此时，国民饭店已乱成一团。法国租界工部局派巡捕将国民大饭店团团围住，一上楼就急忙问茶房："吉鸿昌在哪里？"吉鸿昌从隔壁房间里推开门，挺胸而出说："不用查了，我在这儿！"巡捕一拥而上，吉鸿昌大喊一声："别动手，我自己走，先送我去医院看看伤，有什么话回头再说！"送到医院就跟送到监狱一样，巡捕房以有杀人嫌疑为由，将吉鸿昌逮捕，不久以"通缉在案"为由，将其引渡到国民党天津市公安局，之后又秘密引渡到北平军分会，关押在北平陆军监狱。

▼ 慷慨赴死　就义刑场

1934年11月22日晚，北平军分会对吉鸿昌进行"军法会审"。

11月24日，蒋介石密电北平军分会，下令对吉鸿昌“就地枪决”。在就义前的几个小时，吉鸿昌要了笔墨和信纸，写了一封革命遗书，给夫人及亲属留下最后遗嘱，说自己“是为时代而牺牲”。时候到了，吉鸿昌披上斗篷，就像平时出门遛弯儿一样走了出来，从容走向刑场。走着走着，他忽然停了下来，捡起一根树枝，在刑场的土地上挥手写下了“恨不抗日死，留作今日羞。国破尚如此，我何惜此头”的就义诗，荡气回肠，震撼人心，气吞山河，堪称千古绝唱。

写罢，他对特务们说：“我为抗日而死，不能跪下挨枪，我死了也不能倒下！”

“你说怎么办？”特务们惊愕地问。

“给我拿个椅子来，我得坐着死！”吉鸿昌说。

椅子搬来了，吉鸿昌面对枪口坐下，对拿枪的特务说：“我为抗日而死，死得光明正大，不能在背后挨枪。”行刑的特务被他的凛然正气吓得发起抖来。“你在我眼前开枪。我要亲眼看着敌人的子弹是怎样打在我的身上！”持枪的凶手都愣住了，只好走到前面去，和他脸对脸地举起了枪。

枪声响了，吉鸿昌仰靠在椅子上，在北平陆军监狱英勇就义，时年 39 岁。

【史迹寻踪】

北平陆军监狱旧址

北平陆军监狱旧址在东城区炮局胡同 21 号，由于地处炮局胡同内，也被称为炮局监狱。新中国成立前曾是北京国民党当局囚禁共产党人和革命群众的监狱之一。

1934年10月

杨秀峰

平津红色勇教授　边区模范好主席

徐香花

【人物小传】

杨秀峰（1897—1983 年），原名碧峰，字秀林，河北迁安人。1930 年加入中国共产党，以大学教授的公开身份，在平津文化教育界开展抗日民族统战活动。七七事变后，投笔从戎，深入太行山建立抗日武装，开辟抗日根据地，1941 年晋冀鲁豫边区政府成立时被选为边区政府主席。1949 年后先后担任河北省人民政府主席、教育部部长、最高人民法院院长、五届全国政协副主席等职。1983 年 11 月 10 日在北京病逝，终年 86 岁。

▼ 红色教授　在天津策应“一二・九”

1934 年 10 月，杨秀峰从日本回国，加入了由黄松岭、张友渔、阮慕韩等组成，直属中央联络局领导的一个特殊组织，对外以左派教授身份在上层开展统战工作。1934 年，经中国大学经济系主任黄松岭推荐，杨秀峰等中共党员和左派教授来中国大学任教。杨秀峰同时在北平师范大学和东北大学兼课，在平津积极开展统战工作，领导文化教育界人士开展抗日救亡活动。他把课堂作为阵地，用马克思主义的观点分析国内外形势和日益严重的民族危机，向青年学生宣传中国共产党的抗日救国主张，指出青年运动的正确方向，对平津学生掀起“一二・九”运动起到了启蒙和推动作用。

1935 年 12 月 9 日，“一二・九”运动在北平爆发后，杨秀峰在天津立即组织青年学生响应，并领导了天津“一二・一八”大游行。在整个运动中，他不顾个人安危，始终站在学生救亡运动前列，并对运动方式给予指导，纠正了个别人打算冲进日租界的冒险行为，赢得了青年学生的爱戴和尊敬，被尊称为“红色教授”。他因其爱国行为引起了国民党反动派的注意，因此被北平师范大学解聘，并多次遭到军警的通缉追捕，但在中共地下党和爱国进步人士的掩护下，都化险为夷。

▼ 投笔从戎　领导敌后游击战争

七七事变爆发后，中共中央号召选派优秀干部去华北深入敌后开展游击战争。鉴于杨秀峰在平津及河北的声望，中共北方局指示他回河北开展工作。杨秀峰毅然放弃了相对优厚的教授生活，把两岁的独子寄养给人，投笔从戎，偕夫人孙文淑奔赴抗日前线——冀西。一些平津流亡学生和东北溃散部队很快团结在他周围，在他的领导下开展英勇艰苦的敌后抗日游击战争。1937 年，杨秀峰等人配合八路军创建了冀西抗日根据地，1938 年，又出师冀南，开辟了冀南平原抗日根据地，成立了冀南行政主任公署。他的身份也由大学教授到游击队司令，再到行署主任。1941 年 8 月，晋冀鲁豫边区临时参议会选举成立晋冀鲁豫边区政府，杨秀峰当选主席，成为边区人民公认的群众领袖，很有威望和影响。

▼ 统战先生　享誉“政权工作专家”

杨秀峰擅长统战工作。早在平津任教授时，他就在教育文化界上层卓有成效地开展统战工作。在冀西和冀南开展敌后抗日游击战期间，杨秀峰一方面同国民党顽固势力进行反摩擦斗争，另一方面利用自己渊博的知识和很高的文化素养，谈古论今，纵论当前形势，规劝国民党顽固派将领石友三、张荫梧等，停止摩擦、一致对外、全力抗战，其高超的斗争艺术，让顽固派也不得不表示钦佩。1938 年 9 月下旬，国民党委任的河北省主席鹿钟麟、民政厅长张荫梧，来到杨秀峰组织成立并任院长的抗战学院，名为“视察”，实为向学生施加影响，拉拢学生。杨秀峰主持整个活动，既顾全大局又坚持原则，做到有理、有力、有节，领导师生与国民党顽固派进行了针锋相对的斗争，给师生们上了一堂生动的统一战线课。

1941 年 7 月 7 日，晋冀鲁豫边区临时参议会隆重召开，杨秀峰被选举为政府主席。他严格贯彻毛泽东在《抗日根据地的政权问题》中的各项指示，在根据地政府人员分配上坚持“三三制”原则，同时采取坚决措施精兵简政，裁减人员 48%，节省经费 46%。这些措施受到延安《解放日报》刊文赞扬，毛泽东在《一个积极重要的政策》一文中称赞他们是“精兵简政的模范例子”。1948 年八九月间，华北人民政府成立，杨秀峰被选为副主席、党组书记，兼任华北人民检察院院长，协助董必武主持华北人民政府日常政务，为支援全国解放及迎接中央人民政府的建立进行了卓有成效的工作。聂荣臻曾高度评价杨秀峰在边区政府的工作，称其为“政权工作专家”。

▼ 人民公仆　文品武德兼而有之

杨秀峰初到冀西就日夜奔波在冀西山区，亲自为村民讲演“宣传抗日，人人有责”的道理。他严于律己，为民务实，清正廉洁。他衡量自己生活标准的尺子，就是向老百姓看齐，从不要额外照顾，和根据地的干部群众吃一样的饭菜，经常蹲在风沙漫天的露天就餐。抗战进入艰苦时期，他领导干部节衣缩食，一再降低生活津贴标准。考虑到群众的困难，他倡议边区机关不设中灶和小灶，边区招待来客和党外朋友时，为减轻群众的负担，他做了一个不成文的规定：卷烟待客，陪客的吸烟叶；以面食待客，作陪的吃小米。

1942 年，组织上将他分别多年的儿子由敌占区接到了太行山根据地。孩子 6 岁生日那天，工作人员设法找了两斤白面，包了一顿素馅饺子。杨秀峰回家看到儿子非常高兴，吃饭时看到端上来的是饺子，便马上问：“今天食堂都吃饺子吗？”回答不是。他立即让人把饺子端走。工作人员说：“今天是孩子生日，就让他吃了吧。”杨秀峰却语重心长地说：“我身为干部，自己做出的规定自己不执行，家里的人都说服不了，还怎么说服群众？”最后还是把饺子送给伤病员吃了。

杨秀峰在冀西

杨秀峰身体力行地坚持党的群众路线，为党员干部树立了为民、务实、清廉的干部典范，其光辉事迹被边区群众广泛传颂。

1939 年，邓小平在从冀南奔赴延安的途中，借用岳飞的一句名言，对时任冀南行政公署主任的杨秀峰做了评价：“‘文官不爱财，武臣不惜死’——杨秀峰兼而有之。”邓小平抗战时期的这一评价，可以看作杨秀峰文品武德的人生写照！

1935年12月

董毓华

“一二·九”一马当先　进平西千古幽燕

曹　楠

【人物小传】

董毓华（1907—1939年），湖北蕲春人，曾化名王春裕、王仲华、李家栋、鲁渝、王大惠等。1925年由董必武介绍加入中国共产党。曾先后担任过北平、平津、华北与全国学生救国联合会主席和平津、华北与全国各界救国联合会党团书记，冀东抗日联军政委、司令员和华北抗日联军司令员，中共冀热察区委秘书长，中共中央军委联络局成员，中共北方局特派员等职。参与发动与领导了震惊中外的“一二·九”运动和冀东抗日大起义。1939年6月，正在前线指挥作战时，因长期疾病和奋战劳累病逝，年仅32岁。

▼ 从容乔装离现场　飞檐走壁破重围

“一二·九”运动爆发后，南京政府严令北平方面，要其在短期内扑灭这场学生运动。根据南京指示，冀察当局于1936年2月对北平、天津的学生救亡运动进行了较大规模的镇压。

对中国大学的搜捕发生在1936年2月24日召开的全校师生大会上，会议正在进行中，警察宪兵300余人在少数特务的策应下，闯入会场。逸仙堂内桌椅横飞，反动军警殴打并逮捕30余名学生。“一二·九”运动的学生领袖自然是反动当局必须要捕获的，他们一闯入会场，就有十几名武装警察和便衣特务直奔董毓华而去。

但学生纠察队有力阻止了武装警察，只见这位学生领袖刹那间换了另一件大衣，在混乱中走下主席台，并在同学们的掩护下离开会场。董毓华沉着地步入中大的后斋，这里宿舍房屋不高，他敏捷地踩着同学肩膀上了房，房后就是原郑亲王府宫墙。只见他攀上宫墙，顺着一根电线杆子滑落到辟才胡同，就这样机警地逃出了包围圈，这董毓华就是“一二·九”运动的著名学生领袖。

▼ 率“一二·九”示威队　走在最前智交涉

1935年12月初，日军相继侵占丰台和距北平市几十公里的通县，汉奸殷汝耕成立了伪冀东防共自治政府。北平几所大中学校学生代表秘密集会于燕京大学，议定于12月9日组织北平学生举行“抗日救亡运动”大示威，要把“反对内战，一致抗日”的口号喊出去，以此掀起响应中共《八一宣言》的群众运动。

12月8日，董毓华代表中国大学去燕京大学参加这次秘密会议。会议集中大家的智慧，拟定了“一二·九”游行示威的路线和口号，选出游行队伍的指挥人员和交通联络人员。

北平12月的北风，吹到脸上像刀割一样。9日凌晨，大家按照预定时间起床，小声地互相招呼着，蹑手蹑脚地到操场集合。董毓华被大家簇拥到队伍的最前面，他发出简短的号令："同学们，立正，报数！"想不到赶来参加游行的同学近50名，超过了之前预想的人数。

天刚放亮，董毓华便率领着同学们列成长队，高举红旗，冲出校门。

"打倒日本帝国主义！"

"反对华北特殊化！"

"停止内战，一致抗日！"

"反对冀察政务委员会！"

响亮的口号回荡在北平的上空。董毓华走在最前列，领导大家高呼口号。他圆睁的眼睛、激动的神情，鼓舞着这支首先走上北平街头的队伍，沉着坚定地前进。西单牌楼的警察瞠目相对，带着吃惊的神情走上前来阻拦队伍行进。"先生，你们是干什么的，往哪里去？"他们询问走在最前面的董毓华。

董毓华指着中国大学的校旗说："我们是中国大学的学生，为了反对华北特殊化，反对日本出兵华北，不愿当亡国奴，我们到中南海新华门，向军委北平分会去请愿，要求政府抗日。我们这是救亡的正常行为，请放我们过去，以免人越聚越多，妨碍交通，对你们

【史迹寻踪】

中国大学

孙中山先生1912年创办，宋教仁为第一任校长，初名为国民大学。1913年4月13日正式开学。1917年春，更名为中国大学。1925年9月，迁新校址西单皮裤胡同郑王府。1949年停办，历时36年。中国大学有光荣的革命传统，以李大钊、李达、吴承仕、杨秀峰等为代表的一批"红色教授"，在学校传播马克思主义。学校培养出了以李兆麟、白乙化、董毓华、段君毅、张致祥、任仲夷等为代表的一大批民族英雄和国家栋梁。

也不好。”董毓华看见后面师大女附中的队伍从北面赶上来，他向警察很有礼貌地说着，同时挥手让大队从他身后绕过，继续前进。

警察有些惶恐，一时不知所措，迟疑间，队伍已经走到西长安街上来了。口号声、救亡歌声回荡在长安街上，五颜六色的传单在行人中散发着。董毓华注意着这一切，他紧张地与交通员联系，秘密地发布号令：“目的地是新华门，路遇阻拦可以化整为零，不一定保持队形。”

走到府右街南口，董毓华远远就看见那里已布满岗哨拦住去路，他把小旗向下一挥，示意队伍停下来，然后和几位中大同学迎着警察走去。

警察中一位警官模样的人对董毓华说：“不准通过，这是上峰的命令，我们是奉命办公，说不能通过就不能通过。”语气很坚决。

董毓华装作怒气冲冲的样子，对着这位警官说：“好了！把队伍解散，你也就好交差了！”话音刚落，只见董毓华向大队两手一挥，表示解散。他回身对警官说：“走散的人群我也管不了。”随即冲过警察防线，昂首走在前头，向新华门而去。

▼ 游行示威被阻拦　随机应变改宣传

在新华门前，同学们合理合法的请愿诉求没有得到回应，为了表达人民抗日救国的愿望，董毓华、宋黎等北平学联的几位负责人当机立断，决定改请愿为示威游行，指挥部决定示威游行队伍由新华门出发，沿西长安街，经西单、西四牌楼，转道沙滩，然后到天安门集合。

队伍走至六部口附近，即遭遇武装警察阻拦，游行队伍冲过时，有的同学遭到警察毒打，学生奋勇夺路继续东进。消防车来了，水龙向学生密集处喷水，行人路断。此时，游行示威的队伍虽已不成队形，但他们仍迎着刺骨的水柱，挽臂而行。

到王府井大街南口，军警防卫更严，不准向东单前进。学生们在朔风中迎着水龙几经冲锋，都未能冲过。董毓华等学联领导人急中生智，放弃东进路线，向北折入王府井大街。各校学生在闹市人流集中处，分成若干讲演小队，在东安市场一带，进行街头宣传，大讲抗日救亡的道理，受到市民的热烈欢迎。

这样既躲过了军警的追赶，又收到了游行宣传的效果。从王府井南口到北口，只见到处是人群，到处有呼喊口号声，学生的这种机动灵活的行动，使得警察顾得了东，顾不了西。最后，警察开始捕人。

董毓华经过一天的搏斗，嗓子已经嘶哑了。他见到王府井大街所展开的宣传战极为成功，鉴于时间已过晌午，于是下令收兵，密传口令，化整为零到北大三院操场集合，“一二·九”示威活动宣告胜利结束。

▼ 从冀东转战平西　艰苦斗争劳成疾

1938 年，经过董毓华等近一年的酝酿准备，冀东抗日大暴动取得了巨大胜利。此次胜利，震惊日伪。日军急忙从天津、东北调来大批军队，在飞机大炮的配合下，疯狂扑向冀东地区，企图将冀东抗日武装一举歼灭。针对这种情况，党组织决定抗联部队全部向平西转移。

转移的过程困难很多，刚刚放下锄头扛起枪杆的农民，不愿抛妻弃子，远离故土；加上他们未经过严格军事训练，遇到敌人飞机大炮便吓得四处乱跑，造成很大伤亡。董毓华率领的高志远部 4 万余人，作为西撤的先头部队，率先向平西转移。到达蓟县北部梁各庄和太平庄时，遭到北平日军的重兵伏击。由于部队在几乎没有任何遮掩的地带与日军作战，所以伤亡惨重。

当时，抗联部队除了要同前堵后追的日伪军作战外，生活也是极端艰苦的。战士们在呼啸的寒风冷雨中，穿着破旧的单衣，常常靠吃树皮、草根充饥，董毓华也同战士们一样挨饿受冻。

夜晚，他将自己的棉大衣披到向导身上；每到一地，他还要通宵达旦地工作，分析敌情；有时实在撑不住，就躺在门板上打一个盹儿，从未睡过一个安稳觉。险恶的环境加上艰苦的条件，使得一些人无法承受。一天，竟有几十人把枪口对准董𬘡华，责问他为什么让大家出来受苦。董𬘡华不急不躁，耐心向大家讲解部队转移，建立根据地开展游击战的道理。说得那些原本拿枪对准他的人，渐渐地放下了枪，低下了头。

越是临近平西根据地，日军越是加紧进攻。经过几次战斗，董𬘡华终于带领1700余名将士胜利地进入了平西根据地，受到根据地党政领导和老百姓的热烈欢迎。

1938年10月底，到达平西根据地未及歇缓，董𬘡华又接受了对冀东抗联部队进行整训的任务。11月，他率部配合八路军四纵出击房山县十八台。经过两天战斗，歼灭该地土匪2000余人，使平西抗日根据地得到进一步巩固和扩大。1939年4月，日军200余人向宛平进犯，董𬘡华与白乙化指挥作战，经过10小时交战，给敌以严重杀伤，夺得了华北人民抗日联军的首战胜利。

由于长期涉险奔波和浴血奋战，董𬘡华早已积劳成疾，身体每况愈下。1939年6月，正在前线抱病奋战的他，回军区卫生部医治，不料发生针剂过期的医疗事故，抢救无效，不幸逝世，时年32岁。

【知识链接】

“一二·九”运动

1935年12月9日，为了反对“华北自治”，在中共北平党组织的领导下，北平学联举行请愿示威游行。12月16日，北平学生及市民再次举行更大规模的游行示威。北平学生的爱国行动得到了全国多地学生的响应，从而形成了全国人民抗日救国运动的新高潮。“一二·九”运动有力地推动了抗日民族统一战线的建立，为抗日战争做了思想上、组织上的准备。

1935年12月

廉维

中将夫人忙抗日　革命大姐意志坚

黄迎风

【人物小传】

廉维（1889—1960年），原名杜健如，北京密云人，丈夫张基曾任国民革命军第一集团军中将炮兵总指挥。九一八事变后，她支持子女参加抗日救亡活动，并把自己的住宅作为北平地下党活动的场所。后到晋察冀抗日根据地和延安工作，因过度劳累，致一目失明。周恩来总理称赞她是“值得尊敬的英雄”。

▼ 不愿国破家亡　母女携手秘密工作

1929年初，北平城北偏僻的鼓楼东法通寺胡同10号（今华丰胡同），一座三进的幽静院落迎来新的主人廉维。当时，廉维的丈夫张基在国民革命军第一集团军中将炮兵总指挥任上去世不久，小女儿随后在赴北平的路上病逝，深受打击的廉维，希望可以在这个地方避世隐居，独自养育5个儿女。然而，平静的生活却没能持续多久。

（左起）张枬、张昕、廉维、张伯昭、张基、张瑞芳

1931年九一八事变爆发，日军强占东北，3000万同胞沦为亡国奴。深居简出、不问世事的廉维，变得忧心忡忡，并开始留意儿女们带回家的报纸和杂志。一天，廉维看到整版报纸都刊登着被捕的名单，不由长叹一声：“为了不当亡国奴，要流多少血啊！”

1935年12月9日“一二·九”运动那天，就读于中国大学的长女张枬回家后，偷偷塞给母亲一张传单，廉维仔细一看，原来是《中国共产党北平市委会告市民书》，看完后不禁为之一振，心想：这，就有希望了。

1936年初，张枬参加了刚成立的中华民族解放先锋队，接着又参加了左翼作家联盟，不久入了党。廉维知道后很兴奋，还经常看女儿带回的“民先”传单及文件。有一次，张枬悄悄递给母亲一本油印的党的秘密小册子，其中有一篇是《列宁、斯大林论中国革命》。廉维急忙连夜看完，还书时什么话也没说，只是会意地看了女儿一眼，好像她们已经成了相互了解的同志。

2月21日，在中国大学召开欢迎北平学生南下宣传团归来的大会上，一批学生被捕，其中就有张枬的同学鲁方明（现名余修）。看到女儿十分着急，廉维就偷偷带上厚礼去求丈夫的大学同学，一个姓魏的军长设法营救。当魏军长答复不好办时，廉维托付道："都是有用的年轻人，得把他救出来。"后来，鲁方明被北平公安局关了3个多月，获得释放。

张枬还常常带着妹妹张瑞芳、张昕参加"民先"、学联的活动，廉维也不反对。一个星期天，张枬带着"民先"小队到郊外农村开展宣传活动，一位男同学得知后马上向廉维报告，希望家里管束一下，免得发生危险。谁知廉维知道后只是笑了笑说："危险的事，总得有人去干啊！"

▼ 掩护革命同志　大宅院成秘密"会所"

1936年秋，中共北平市委通过张枬征得廉维的同意，将她家作为地下党活动的一个场所。此后，中共北平市委的黄敬、李常青、蒋南翔、娄平，还有河北省委的彭真等同志，均在这里开过会或接过头。每当地下党的同志来开会时，廉维就会坐在二进院的门道里守候。来的人一般都说是找张枬的，人到齐后就在正院东屋开会，大家围坐在一张独脚方桌旁，凑得很近地低声说话。这时候，廉维则坐在北屋，一边和寄居在她家的妹妹说话，一边观察四周的动静。为了不让妹妹多心，她解释道："孩子大学毕了业，要在社会上做事，和同学多来往，以后路也宽些。"为了保证地下活动的安全，廉维总是事先安排负责看门的老家人到很远的地方去买东西。

然而，最令廉维担心的是隔壁的7号，那是一个有警卫把守的设有电台的国民党机关，房子紧挨着她家的东院和后院。但是，谁能想到中共的秘密会议，会在隔壁设有电台的国民党将领的遗孀家里召开呢？有一次，一个小偷溜进来偷走了西屋空房里的一条旧棉裤，廉维马上报案。当时的北平市市长秦德纯，曾就读于保定军官学校，听说老师张基的家被窃，还特地派警察分署署长代他致歉："不知师母住在这里，没有保卫好。"由于有了这层关系，这里的活动并没引起旁人的过多注意。

最初，黄敬总是预先告诉张枬开会的时间、人员等事项，后来他就直接和廉维联系，有时还将党的文件也交给她保管，甚至让她承担别的任务。黄敬发现，廉维大胆心细、寡言少语又不爱张扬，似乎天生就适合做秘密工作。黄敬逐渐把廉维的家当作可靠的联络地点，把廉维当成共患难的战友。1936 年冬，黄敬对张枬说：“介绍你妈妈入党吧！”

▼ 送别三个女儿　舍家出资支持抗日

1937 年 7 月 7 日卢沟桥事变爆发，7 月 29 日北平沦陷。时任北平市委书记的黄敬三天两头来廉维家召集会议，商议进步学生、民先队员和地下党员的撤离办法。廉维的长子张伯弨已于 3 年前离家上黄埔军校，现在两个女儿张枬、张瑞芳又将随

宣传队（后改称北平学生移动剧团）奔赴抗战前线工作，廉维心里虽万般不舍，但嘴上什么也没说，只是默默地为她们准备行装和路费。临走前，廉维帮张枬把黄敬写给沈钧儒、邹韬奋等几位先生的介绍信，装进半空的牙膏管里，叮嘱姐妹俩：“你们这两个马大哈，什么都丢了，也不能丢掉牙膏。”一个月后，小女儿张昕也决定要离家去追随两个姐姐，廉维同样没拦着，只是很小心地把几百元钱缝在被子里，叮嘱女儿一路注意安全。

女儿们走后，廉维继续把自己的家作为地下党的联系接头地点。当又饥又渴、衣衫单薄的平西游击队员赶来时，廉维端上热乎乎的饭菜；当需要乔装打扮时，廉维拿出丈夫遗留的好衣服。为了渡过困境，廉维还一次又一次地把自己的积蓄和金银首饰交给党组织。

为便于工作，黄敬和北平地下党负责人杨春甫，先后搬到廉维家里居住。在朝夕相处的日子里，廉维与他们结下了深厚的友谊。后来在延安，患病的黄敬发起病时谁都不认，唯独见到廉维，立刻双手垂立，恭敬地叫“伯母”，吃饭、喝药、睡觉都十分听话。

▼ 不顾年长体弱　辗转边区抗敌工作

1939 年，廉维携幼子张进跟着杨春甫离开北平，赶赴晋察冀抗日根据地。进入边区不久，廉维和杨春甫分手，随着另一批人同行。地方党组织看到廉维年届五十，骑驴又摔伤了腰，要给她 200 元路费让她回北平。廉维却坚持要留下来工作，表示自己既不怕吃苦也不怕牺牲。

1940 年春，廉维来到河北省涞水县政府和抗敌后援会所在地汤家庄，准备去五区做妇女工作。出发前

的晚上，一股被收编的土匪突然叛变，包围了村子，打死打伤多名干部和老乡。土匪把廉维绑起来，还用鞭子狠狠地抽打，打得她眼睛都出血，一边打还一边骂："你这老婆子也当八路！"

第二天一早，土匪把绑着的人拉到河滩上处死。突然，远处传来枪声，土匪感觉不妙，连忙带人逃走。趁土匪不注意，廉维跑到一家空院粮囤后面。还没站稳，一个穿棉袍的男人出现在她右边，廉维忙说："同志，快给我松绑。"那人斜眼看着她，一脸凶相："你看我是什么人！"廉维仔细一看，原来是土匪。她心里一炸，从此得了心脏病。

【知识链接】

北平学生移动剧团

1937 年 5 月，在北平市委书记黄敬的领导下成立，原名"农村服务宣传团"。七七事变后，剧团奔赴抗战前线。临走前，剧团成立党支部，清华大学学生荣千祥（后改名荣高棠）任支部书记，另 3 名党员是民先队员杨易辰、中国大学学生张枬、东北大学学生程光烈。剧团成员还有陈荒煤、郝龙、姚时晓、张瑞芳、张昕、管平、胡述文、庄璧华、方深、王拓、郭同震（后改名谷正文，成为国民党特务）等。剧团先后在北平、天津、山东、河北、河南等地开展宣传组织工作，举行了上百场演出，包括《放下你的鞭子》《打鬼子去》《反正》《林中口哨》《花子拾炸弹》等剧目，历时一年多，行程长达一万余公里。这群可爱的热血青年在民族危亡的紧急关头，唱出了中华民族的最强音。

正在这时，墙外喊：“老乡，别跑啦，我们是八路军。”廉维得救了，绳子被解开后，几块被打烂的皮肉也粘在绳上落下来，可她顾不上喊疼，急忙带路去河滩救人。他们找到两个浑身是血、失去知觉的同志。随后，廉维忙着找门板、抬伤员，等回到老乡家时，突然全身发抖，两眼发黑，失去知觉。

经在场的一位老大夫诊脉，原来是一天一夜没有休息、又累又饿造成的。太阳快落山了，队伍接到通知要去5公里以外专署所在的村子。这时，廉维全身的伤都疼起来，不要说走5公里，动一步都困难。可是，廉维却横下心来，硬是咬牙坚持走到了专署。

后来，廉维先后在晋察冀边区保育院、边区党校工作，在日军的“扫荡”中，她多次死里逃生，而她的幼子张进却不幸在躲避敌人大“扫荡”的途中病逝。1944年，由于廉维伤病较多，加上右眼常常流血，党组织安排她到延安治病。

1936年10月

魏国元

抗日政权勇县长　开创平西根据地

王桂环

【人物小传】

魏国元（1906—1960年），字光汉，门头沟区青白口村人，1927年从宛平县立师范学校毕业后回乡任小学教员。1932年加入共青团，1933年转为中共党员。1937年11月任宛平县抗日救国会主任、平西游击队后勤部长。1938年3月任宛平县抗日民主政府第一任县长。1938年6月调到宣（化）涿（鹿）怀（来）联合县、涞（水）涿（县）联合县任县长，1940年6月调平西专署，先后任秘书室主任、副专员、专员。他是门头沟区中共党组织创建人之一，为平西抗日根据地的开创与发展做出了杰出贡献。

▼ 借婚礼　联系党团组织

1936年10月的一天，秋高气爽，门头沟斋堂川青白口村一户宅院里披红挂彩，四周村镇有头有脸的人物络绎不绝地走进这所院子。这场在整个斋堂川都颇为盛大的婚礼的新郎官，正是刚出狱不久的青白口名人魏国元。

表面上看这是一场喜庆婚礼，实际上却是魏国元重新联系宛平县党团员，与当地党组织接上关系的一个掩护。这场婚礼使早已声望很高的魏国元，重新打开了革命工作的局面。按上级指示，他被任命为中共宛平县委书记，任务是回乡积极组织武装、开展游击战争。

七七事变后，国民党二十九军被迫南撤。8月，国民党嫡系卫立煌部队在髽鬏山一带与日寇激战。9月，南口失守后，卫立煌部也撤走。在战争期间，魏国元指示地下党员和进步青年一方面主动与国民党部队联系，为其带路、出粮、捐款、出牲口，支援抗战；另一方面保护老百姓不受侵害，做国民党部队工作，阻止其扰民的不良行为。他还组织多处难民团转移，躲避战火。

当时老百姓十分茫然，当逃难的队伍来到田寺时，几个年轻学生内心苦闷，觉得看不到国家希望，纷纷找到魏国元。魏国元语重心长地向他们讲述了抗战形势，肯定地告诉他们：“抗日是有希望的，党领导的八路军已经出师华北。”魏国元的话使这些青年学生坚定了抗日救国的信心。

▼ 找时机　发动群众武装

卫立煌部队撤退后，战场上散落了许多枪支，魏国元抓住这个时机，挺身而出，以七区区长的身份，召开各村村长会议，发动群众，号召大家拿起武器，建立武装，保卫家乡。一时间，各村民团蜂拥而起。这时，原在二十九军训练团学习的魏国臣、贾立芳等人也回到家乡。魏国元在原游击队（枪支修械所）的基础上，很快就拉起了30多人的游击队。

安家庄素有武装抗暴的传统。抗战爆发后，村长李文斌在村庄内举起义旗。由于他平时仗义疏财，投奔他的人很多，队伍很快发展到300余人。魏国元及时派魏国臣、张又新、贾兰波、魏国杰等前去帮助扩大队伍。1937年10月，受中共北方局刘少奇、彭真派遣，苏梅带领红军干部陈群、陈仲三来到青白口与魏国元接头，经过商议，魏国元又将陈群、陈仲三送入李文斌队伍。这样一来，李文斌的这支队伍基本上已在共产党的掌控之中。

此外，魏国元还利用自己的影响，通过抗日大同盟兄弟盟誓的方法，将活动在七区一带的宫长海以及谭体仁控制下的八区的吕玉宝、郭玉田、张景相等地方武装争取到抗日队伍中来。这些工作壮大了共产党领导的抗日队伍。

▼ 用策略　扩大党组力量

有了自己的武装力量，魏国元大力发展壮大党组织。在他的号召与带领下，斋堂川一带很多人踊跃参军，加入八路军的队伍。1937年10月，国民抗日军来到宛平县斋堂镇沿河城，年轻人魏元君风风火火地跑来找魏国元，坚决要求参加国民抗日军去前线打鬼子。还没说几句，后面一个老太太就追上来，紧拽着魏国元求情，不让魏元君参军。经过询问，魏国元才弄明白，老人是魏元君的外婆，觉得参军太危险，家里又只有一个男孩，坚决阻止。但魏元君一定要参军，老人哭闹着不让他去。

魏国元把魏元君叫到了一个偏僻处，小声劝解："你想参军，我能理解，可你看你姥姥这样阻止你也去不成呀。"魏元君一听，很沮丧地问："你的意思是不让我参军？"魏国元忙解释说："不是不让你参军。过段时间还有军队过来，你再参加也不迟。"听他这么一说，魏元君稍微放心。魏国元接着解释道："你先回去，帮着组织宣传抗日救国，这样到时不就有更多人参军了吗？”魏元君露出了笑脸，但仍不放心地问：“你能保证我下次一定能参军？”魏国元很肯定地说：“能，你放心吧。”于是，魏元君安心地跟着外婆回去了。

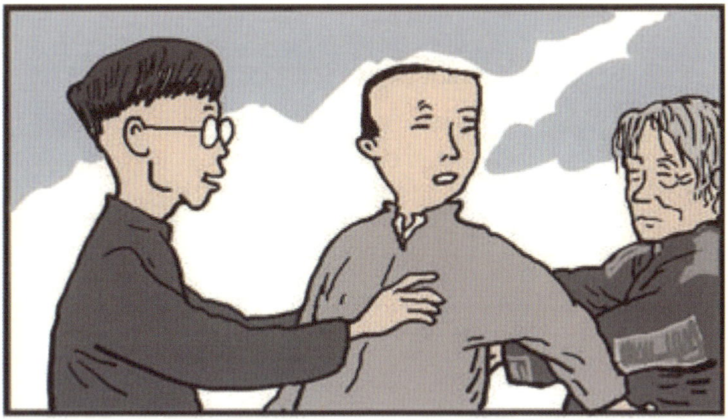

回到沿河城后，魏元君开始联络自己儿时的伙伴，很快就有三十来个年轻人响应。1938年的春天的一天，邓华支队来到斋堂。机会终于来了，第二天一大早，魏元君就站在大峪口的一棵大核桃树下，一声急切的哨响过后，三十几个年轻人，纷纷从沿河口村快速跑来集合，魏元君见人到齐后，大手一挥：“走！”三十几个人风风火火地冲向了斋堂镇。

魏国元先后发展建立了9个游击队，这些地方抗日武装后来大都编入了八路军正规部队。邓华支队开进平西时仅一个团，后迅速扩大到两个团。

1938年初，魏国元随苏梅来到阜平，向聂荣臻司令汇报工作情况时，聂司令问：“现在主力部队开到平西去，能不能站住脚？”魏国元毫不犹豫地回答：“能。”因为他已将平西地区的群众充分发动了起来。

▼ 做工作　拔除抗战障碍

谭体仁是宛平县八区灵水村人，曾与魏国元一同在河北省区长训练班培训，毕业后任八区区长。南口抗战，卫立煌部在宛平地区作战期间，委任他为战时宛平县长，手下有一个保卫团，于是拥兵自重。魏国元多次做工作，希望他能一起抗日，谭体仁始终不愿合作，甚至处处给共产党设障碍。上级指示魏国元：“尽量争取他一致抗日，如果他阴谋暴乱就坚决镇压。”

1938年初春，八路军主力到斋堂，在东斋堂万源峪成立了宛平县历史上也是平郊历史上第一个抗日民主政权——宛平县抗日民主政府，魏国元任县长。

县政府成立没几天，谭体仁就接到魏国元邀请。县政府的房子原是卫立煌部队过来后谭体仁用来给自己做县政府用的，可没等上任，卫立煌就撤退了。时隔半年，斋堂川成了共产党的天下，魏国元当了县长。再次走进这座宅院，谭体仁复杂的心情可想而知。

魏国元客气地给他让座，商量道："谭先生对我们抗日政府的工作有什么意见吗？"谭体仁不屑地说："我能有什么意见呢！"魏国元接着说："抗日政府实行统一战线政策，团结民众一致抗日。我想谭先生总不会反对吧？"谭体仁皱皱眉头没说什么。魏国元接着给他讲党的策略主张，并解释政府有意请他出来做点抗日工作，或者担任参议等职务。谭体仁冷淡地说："谭某不才，干不了你们共产党的事。"在他看来，卫立煌3万大军都一溃千里，几百个八路，还是土枪大刀，结果自不必说。魏国元明白他的心理，笑了笑说："谭先生既然不肯合作，想必抗日也不热心。你不要以为八路军待不长，告诉你吧，八路军在斋堂扎下根了。"谭体仁听后，二话不说就告辞了。

私下里，谭体仁联络清水一带的地主武装，准备暴动，一心想摧毁县政府，赶走邓华支队，成立维持会。他搬回斋堂后，一面探听风声，一面依仗着手中掌握的保卫团与抗日政府作对。

过了段时间，谭体仁觉得时机已到，集合保卫团到斋堂村外山上集合。可他们的行动早就被事先报告了县政府。等保卫团的人赶来时，早就埋伏在四周的八路军突然包围上来，保卫团纷纷缴枪投降，谭体仁被抓，当夜被押到阜平。

这件事以后，很多村子开始建党，更多的村子成立了农会。抗日政权建立起来了，斋堂成立了稳固的抗日根据地。

1938 年春末，魏国元按照党组织的安排，离开家乡来到斗争更艰苦的涞水、怀来等地区，发展壮大抗日根据地。

1937年4月

王亢

戎马一生以智胜　深思熟虑出奇兵

王桂环

【人物小传】

王亢（1911—1992年），辽宁营口人。1937年参加革命并加入中国共产党。历任抗日先锋总队中队长、八路军晋察冀军区十团团长、冀热辽军区司令部副参谋长、十二纵队副参谋长。1949年后历任五十一军参谋长、中央军委作战部军务局副局长、西藏军区参谋长、副司令员、铁道兵顾问等职。1960年被授予少将军衔。1992年病逝于北京。

有一位从北平走向抗日战场的将军，戎马一生，历经无数战斗，却没有负过一次伤，这个人就是王亢将军。

▼ 投笔从戎　参加八路军

1937年4月，在北平西直门火车站，王亢初次和白乙化见面。白乙化点头微笑着向他说的第一句话就是：“你几时来的？”从这句话开始，白乙化引导王亢走上了革命的道路。

1939年底，白乙化领导的华北抗日联军正式改编为八路军晋察冀军区第十团，这是八路军中独一无二的“知识分子团”。他们大多是七七事变前后平津一些大中学校的学生，响应党的号召而投笔从戎的，这个团排以上干部几乎都是大中学生，许多班长也是大学生，王亢任一营营长。

1940年12月15日清晨，王亢在密云冯家峪南湾子率领一营伏击撤往县城的日军哲田中队。当日军进入伏击圈后，王亢举枪击毙日军军官。枪声就是命令，一营战士一齐开火。

哲田中队的士兵是老鬼子，战斗力很强。经过短暂的慌乱，日军散开队形，伏在河边、大石头后，进行顽抗。战斗异常激烈，战至下午4点，增援的日军赶来，王亢下令部队撤出战斗。

冯家峪战斗击毙90多名日军，创造了平北抗日根据地消灭日军的新纪录。

但是，在胜利面前，王亢却高兴不起来。因为这一仗，一营有67名指战员牺牲。战友的鲜血和生命，使他陷入深深的思考。

经过几天的认真总结，王亢向团长白乙化总结了3条伏击战经验：

第一，伏击敌人时，战斗命令以暗号为好。如以枪声为命令，等于先向敌人报警，敌人会过快地占领有利地形。

第二，伏击阵地尽可能靠近敌人，各分队要分段包干射击目标。

第三，予敌以严重杀伤后，再收缴武器，避免无谓牺牲。

他智勇双全，擅长打游击战和伏击战，计划周密，总是以最小的代价换取最大的胜利。

▼ 计划周密 张网捉鬼子

1941 年 4 月 15 日傍晚，一个农民打扮的中年人，走进了密云康各庄村伪乡长家，伪乡长透过打开的窗子看见来人后，赶紧迎了出去。一阵寒暄后，将来人让进了屋子，又是倒茶又是递烟。能让伪乡长这样远接近迎的人当然不可能是普通老百姓，而是王亢安排的敌工人员。伪乡长是个铁杆儿汉奸，八路军做过很多工作，想把他争取过来。可这家伙很顽固，刺探八路军情报出卖给日军，还暗中恫吓老百姓："谁敢背着我与八路军来往，我就叫皇军杀他个鸡犬不留。"想要除掉这个汉奸并不难，但是王亢和大家商量后，觉得不能简单便宜了他。

王亢派去的工作人员和伪乡长客气了一阵后，看看屋里没什么其他人，开始转入正题，悄声说："明天拂晓，区领导人在白道峪村召集各乡、保长开会，布置有关工作。这片儿在你的管辖区，你帮忙布置一下，必须保证会议和区领导安全，千万不能走漏一丝一毫风声。"最后还特别提醒："万万不能让日本人知道了。"伪乡长一口一个"是、是""那当然、那当然"，可心里却打着自己的小算盘：正愁没情报孝敬皇军，这回肥肉自己上门了，说不定自己还能混个一官半职。王亢派去的敌工人员起身告辞时，这家伙还一口一个"是、是""那当然、那当然"地应承着。

敌工人员离开他家后，伪乡长立马拉开后门，拔腿朝日军的据点跑去。暗中观察的八路军人员见此情景，会心地笑了。

▼ 利用汉奸 布下包围圈

日军见伪乡长送来了这么一份有价值的情报，高兴坏了。日军小队长还破天荒地亲自给伪乡长倒了一杯水，连连拍着他的肩头夸赞：“良心大大的好。”答应“胜利”后一定好好犒赏他。伪乡长受宠若惊，都离开鬼子据点了，还放心不下，居然又跑回去，再三叮嘱鬼子抓紧时间，唯恐自己的升官发财成为泡影。

半夜时分，四周一片寂静，20多个鬼子和30多个伪军像幽灵一样悄悄地从康各庄据点爬出来，悄无声息地快速扑向白道峪村。到了村口，狡猾的日伪军没有马上进入，而是在村子的四周埋伏了起来，想张网捕雀，等区领导进村后再动手。

殊不知日伪军的一举一动都在十团的监视之下。日伪军刚刚出洞，王亢和冯克武、方城等人就带着4个连的人马，借着夜色的隐蔽，悄悄地跟上日伪军，埋伏在了白道峪村周围的三面山上。

王亢之所以选择白道峪村作为诱敌上钩的场所，是因为这儿条件优越：全村有100户人家，十团在这里已有一定的基础；从地理位置上看，三面环山，颇像倒扣着的鼎足；山上长满了荆丛和一簇簇野生花椒树，这时已经发芽变绿，易于隐蔽；爬上三面山的任何一个山头，村里的情况都会一览无余，绝对是个易守难攻的好地方。

▼ 智勇双全 善打游击战

时间过得很快，东边天际慢慢变白了，太阳马上要升起来了，村子上空飘起了袅袅炊烟，日伪军要等的人却迟迟没有出现。经过大半夜的折腾，初春的北京春寒料峭，还是有点冷的，日伪军终于等得不耐烦了，纷纷从隐蔽地爬起来，哈欠连连、东倒西歪地进了村子，挨家挨户地踢门，将全村大人小孩、男女老少统统赶到村中央的平地上，由日本小队长训话。王亢见时机已到，马上用事先准备好的旗子发出了一个“打”的信号。为了不伤及老乡，王亢指挥4个连的战士以迅雷不及掩耳之势，一边射击，一边扑向山下的鬼子。日伪军突然遭到如此猛烈的攻击，一时不知所措，乱作一团。有的刚反应过来，想反抗，就被十团战士迅速击毙。二连副指导员尉贵福冲下山时，看到一个日军的机枪手正想瞄准射击，他飞起一脚，将机枪手踢翻在地，举枪将其击毙。

整个战斗

23 个日本兵全部

的，余下的 21 个被

一伤亡，还缴获了两挺机

听到日伪军被全歼的消

伪乡长知道日本人不会轻饶他，

胜仗之后看到问题，总结经验

争中学习战争，这就是王亢指挥艺术不

也是将军一生作战的法宝。

【史迹寻踪】

王亢将军墓

位于密云白乙化烈士纪念陵园东南。1992 年王亢将军逝世后，在中共密云县委、县政府的支持下，王亢将军又回到了昔日的老团长、老战友白乙化的麾下，长眠在他的身边。

1937年5月

汤万宁

倾家荡产赴抗日　义声所播民气振

田　侠

【人物小传】

汤万宁（1882—1956年），北京市昌平区流村镇白羊城村人。国民抗日军发起者之一。曾任白羊城村保卫团团总，国民抗日军高参，八路军五支队高级参议，平西第一游击总队副总队长，昌宛县（今属昌平区和门头沟区的部分地区）公署第一任县佐、专署特派员，彭城县（今属江苏省徐州市）县长。抗战胜利后，回乡为民。1956年因病在白羊城村逝世。

▼ 自发成立队伍　打土匪救人质

1933 年 5 月 31 日，国民政府与日本签订的《塘沽协定》规定："中国军队一律迅速撤回延庆、昌平、高丽营、顺义、通州、香河、林亭口、宁河、芦台所连之线以西、以南地区。而后不得越过该线。"日军可以"随时用飞机及其他方法监察"。1935 年 11 月 25 日，殷汝耕在通州宣布脱离中央政府，成立伪"冀东防共自治委员会"（后改为"冀东防共自治政府"）。昌平和北平以东 21 个县被划归其管辖范围，一时间，昌平各地土匪蜂拥而起。

位于昌平县内的白羊城村土地贫瘠，经济凋敝，又遭土匪滋扰，农民生活苦不堪言。村民为了防范土匪，维护治安，共同商量成立了保卫团，推举本村村民汤万宁为团总。保卫团收集了散兵游勇遗弃的枪支 20 余支，有团丁 20 余人。后来汤万宁又联合邻村保卫团，数次打击土匪，夺回被绑架的人质。因此，汤万宁在白羊村一带颇有威望，人们尊称他为"汤七爷"。

▼ 学习救国道理　父子共誓抗日

1937 年初，流亡北平的东北抗日义勇军成员高鹏、纪亭榭等人，受"一二·九"运动和西安事变的影响，商量组织队伍，到北平郊区开展抗日武装斗争。他们一面

用张学良通过东北救亡总会给予的 4000 元捐款购买枪支，一面联络人员。到五月份，就购买了 17 支手枪，联络了 20 多人。他们通过曾在昌平锡山瓦窑伪警察所当过所长的鲍旭堂，认识了白羊城保卫团团总汤万宁和他的儿

子汤玉瑗。

高鹏、纪亭榭等人向汤氏父子宣讲抗日救国道理，动员父子二人共同组织抗日队伍。性格豪爽仗义的汤万宁深明抗日救国大义，当即表示：“我倾家荡产，跟着你们抗日了！”不久，汤万宁、汤玉瑗父子回到村中，又串联了邻村柏峪口人王士俊一起参加抗日。同时，说服本村保卫团团丁，把枪支集中起来，藏在汤万宁家中，单等北平城里来人一同举事。

▼ 聚集庙前空地　举行武装起义

卢沟桥事变爆发后，在中共北方局直接领导下，中共东北工作特别委员会（简称“东特”，1936 年上半年在北平成立，书记苏梅，副书记李德仲）支持高鹏等组织抗日武装队伍，武装保卫华北。

高鹏等加紧工作，将枪支偷偷运到清华大学校园。1937 年 7 月 20 日，除纪亭榭因购买的枪支尚未到手，留在城里继续想办法外，其余 20 多人分成两路出城：一路由高鹏带队混在人群中出西直门，从清华大学取出枪支，徒步奔向白羊城；一路由宋鸣皋带领，乘坐火车至昌平南口下车，再步行到白羊城。当晚，两路人马在白羊城村汤万宁家会齐。汤万宁、汤玉瑗、王士俊等取出当地保卫团的 10 多支步枪，连同从城里带出来的 17 支手枪，将全体人员武装了起来。

7 月 22 日，是一个值得纪念的日子。在“东特”的领导和支持下，昌平爱国人士高鹏和汤万宁等人在白羊城村共同发起组织人民抗日队伍。武装起来的 20 多人，齐集在白羊城关帝庙前的空场上，正式宣布成立抗日军，举行武装起义。北平郊区第一支人民抗日武装队伍诞生了。

▼ 对日战斗获胜　媒体纷纷报道

9 月 8 日，国民抗日军在黑山扈天门沟地区第一次与日军正面交锋。这次战斗沉重打击了日军的侵略气焰，使其连续受挫，死伤累累，更是鼓舞了京郊人民的抗日热

情。敌伪报纸《北平益世报》连续两次从反面报道了黑山扈战斗。在巴黎出版的《救国时报》（吴玉章主办）则以大量篇幅报道了国民抗日军的成立、攻打德外第二监狱以及黑山扈大捷的消息，指出国民抗日军“义声所播，民气大振”，是“北平近郊抗日的中心力量”。八路军朱德总司令和彭德怀副总司令也对国民抗日军的英勇抗敌给予了表扬。

11 月 9 日，国民抗日军与晋察冀军区一分区司令员杨成武、政委邓华取得联络，同时收到八路军总部关于要求国民抗日军迅速南下与八路军会合的来信。

国民抗日军部分领导干部合影（前排左二为汤万宁）

12 月 11 日，国民抗日军开至晋察冀抗日根据地中心河北省阜平县。20 日，聂荣臻司令员接见了包括汤万宁在内的国民抗日军的主要领导。25 日，经八路军总部正式批准，国民抗日军改编为八路军晋察冀军区第五支队，汤万宁为司令部参议员。

国民抗日军经历 5 个多月的战斗后，被称为“红蓝箍”的人民抗日游击武装队伍改编入八路军队伍中，结束了其平郊民间抗日武装力量的历史。

【史迹寻踪】

白羊城村

位于昌平西 17 公里的五峰山下，这里地势险要，西、北、南三面环山，西连太行，东临南口重镇，恰如南口城的旁门，是仅次于居庸关的重要隘口，为兵家必争之地。从 1920 年开始，直皖战争、直奉战争、抗日战争直至解放战争，白羊城始终战火硝烟不断。

1937 年夏

王波

舍家投笔赴疆场　何惧生死留美名

曹友林

【人物小传】

王波（1911—1943 年），原名王慕禹，辽宁沈阳人。1931 年九一八事变后，流亡关内就读于北平中国大学。1937 年随白乙化赴绥远垦区，参加抗日先锋队，同年加入中国共产党。1939 年 6 月任华北抗日联军第三大队教导员。1940 年 1 月任八路军晋察冀军区第十团三营教导员。同年 4 月率三营先期进入密云开辟丰滦密抗日根据地。1943 年 5 月任丰滦密地区队政委、中共丰滦密县委委员。同年 11 月 11 日，在指挥南香峪战斗时不幸受伤被俘，英勇就义，时年 32 岁。

▼ 别妻弃学　投身救亡路

王波自幼聪敏好学，但家境贫寒，无力读书。后与当地苏家定下娃娃亲，由苏家出钱供其上学。1931 年王波以优异成绩中学毕业，遂与苏家女苏雪金完婚。九一八事变后，王波告别新婚妻子只身流亡关内，后考入北平中国大学，并接来妻子陪读。然而日寇魔爪继续伸向华北，平津危急，王波再也无法安心读书，决心弃学投身抗日救亡运动。

这天，王波对已怀孕的妻子讲明了自己的志向，请妻子回原籍等候消息。苏雪金理解丈夫，但想到夫妻一别，不知何时能见，忍不住痛哭失声。王波温存劝慰："你是个好妻子，但国家兴亡，匹夫有责，咱不能只顾小家不顾国家。我送你回家是为救国，抗日胜利之日就是你我夫妻团聚之日。"苏雪金说："那我腹中孩子怎么办？"王波说："孩子只能暂时托付给你。如是男孩，让他子承父业；如是女孩，请你好好抚养。如果我为国牺牲了，九泉之下也感你大恩！"

第二天，王波送苏雪金登上回东北的火车，夫妻洒泪而别。妻子走后，王波毅然放弃了中大的学业，义无反顾地投入抗日救亡的活动中。他一边靠打工养活自己，一边撰写文章，奔走呼号，进行抗日宣传和鼓动工作，并参加了"一二·九"爱国学生运动。

▼ 能文能武　扬威云蒙山

1937 年全民族抗战爆发时，王波遇到中大学长白乙化，随他奔赴绥远垦区，加入共产党，参加垦区暴动，东渡黄河开赴抗日前线，从此开始了戎马生涯。

王波长于文笔，绰号"高尔基"，在抗日先锋队一直负责编辑《抗日先锋》小报。后又随抗日先锋队在八路军三五九旅培训数月，学习了八路军的战斗作风和战术指挥，成为文武双全的指挥员。

1940 年 4 月，王波奉命率十团三营先期进入密云的云蒙山区。由于云蒙山地处伪满与伪华北统治区的接合部，当地百姓不了解共产党八路军，见八路军进村就上山躲藏。王波要求指战员严格执行纪律，不动群众一针一线，临走时街院扫净，水缸挑满，猪鸡入栏。

百姓从没见过这样的仁义之师，于是愿意和他们接近。王波立即派出工作组，深入各村宣传抗日，发动群众，组建抗日村政权和救国会、自卫军等。他亲自到一些村做群众工作，用群众易于接受的通俗语言宣讲抗日救国道理，还在山区崖壁上亲笔书写抗日标语。在王波等人的努力下，群众很快发动起来，6 月，以密云的云蒙山区为中心、地跨长城内外的丰滦密抗日游击根据地，正式宣告成立。

王波深谙游击战术，协助营长指挥作战，机动灵活。1940 年 9 月，4000 余日伪军连续 78 天对丰滦密根据地进行大“扫荡”，王波奉命率三营在根据地内开展反“扫荡”斗争。在敌强我弱的形势下，王波一面组织群众坚壁清野，开展麻雀战骚扰敌人，一面指挥部队灵活游动于大山之中，寻机打击疲困之敌。历经大小 37 次战斗，给敌人以重大杀伤，彻底粉碎了“扫荡”。其中王波亲自指挥一次伏击战，由于时机和地形选得好，指挥得当，仅半小时就结束战斗，以极小代价歼灭伪满讨伐队 70 余人，缴获机枪 3 挺。十团战士和丰滦密的群众这样评价王波：“平时像个文弱书生，打起仗来不输猛龙。”

▼ 意志如钢　坚守“无人区”

1941 年秋末，日伪集中万余兵力对丰滦密根据地进行大“扫荡”，实施惨无人道的“三光”政策，其后又“集家并村”，建“人圈”，制造了东西南北各长约 60 公里的丰滦密“无人区”。

由于斗争环境异常残酷，十团主力转移到平北西部，只留三营在丰滦密坚持。王波临危不惧，带领三营誓死不离根据地，与地方部队和群众一起开展反“扫荡”、反政治诱降、反“无人区”、反经济封锁、生产自救等一系列斗争。没吃的，就吃

【史迹寻踪】

王波手书

王波亲手书写在密云冯家峪村石崖上的抗日标语："反正杀鬼子，给东北同胞报仇，才是好男儿。"

野菜、树皮；房子被烧，就搭窝棚住，窝棚被烧，就住长城楼子。最后连能住人的长城楼子都被炸毁，王波请北平地下党协助搞到一些花旗布做成帐篷，宿营时支起来，拔营时带走。

在严酷的环境下，一些战士思想产生了波动，王波及时做思想工作。他对指战员讲："一名八路军战士，最宝贵的不是生命而是气节，最可怕的也不是敌人和困难，而是失掉胜利信心。我们今天的吃苦和坚持，正是为了明天的胜利。"王波以身作则，有吃的先给战士们，行军疲劳时代替战士站岗，亲自安排受伤生病的战士到安全地方休养。每当有指战员牺牲，他都亲自擦洗遗体逐一安葬。他的爱兵行动就是最好的政治工作，因此，尽管环境残酷、生活艰苦，但三营上下一心，同仇敌忾，配合县区游击队和自卫军不断给日伪军以有力打击。

▼ 甘洒热血　誓死不背叛

1943 年 5 月，由于抗日军民顽强坚持斗争，丰滦密根据地不但没被摧毁，抗日武装反而越战越强，在此形势下成立了丰滦密地区队，王波任区队政委。王波协助区队长指挥部队不断打击日伪军，取得了香水峪战斗、石塘路战斗、榆树底下战斗等胜利，恢复了大片被敌人蚕食的地区。

这年秋天，日伪军像往年一样，到处抢粮食。为保护群众利益，五区队开展了护秋斗争。11 月 11 日，接到伪满军一个连到南香峪村抢粮的情报，王波亲自指挥五区队二连火速前往打击抢粮之敌。战斗开始后，二连占据村北山头向敌人猛烈开火，伪满军开炮还击。突然，一颗炮弹落下，王波被炸伤，昏死过去。接替指挥的二连副指导员刚上任不久，没有作战经验，以为王波牺牲，慌忙带部队撤出战斗。

王波苏醒后，见伪满军已逼近，自己却无法行动，急忙将记有机密的笔记本烧掉，脸上露出坦然的微笑。敌人看出他是个官，如获至宝，将他抬进村立即拷问。王波鄙夷地看着敌人，冷笑说道：“别费事了，你们想得到什么我都知道，可我能告诉你们吗？做梦！”伪满军连长抽出刀来，威胁说：“再不说我就劈了你！”王波哈哈大笑：“我们八路军，生为抗日，死又何惧！你们这帮汉奸走狗，背叛祖国，助纣为虐，帮着日本鬼子屠杀中国人，简直猪狗不如！我今天死得其所，可你们呢，必然死无葬身之地！”敌人恼羞成怒，挥刀将王波杀害，并砍下头颅带回去邀功。

抗日何惧生与死，英雄至今留美名。

【史迹寻踪】

“救国救民”纪念碑

1944 年 5 月，丰滦密联合县和五区队在密云北香峪南沟为王波烈士建“救国救民”纪念碑。碑文为：“王政委千古。王波同志，辽宁沈阳宏陵堡人，年三十二岁，北平中国大学肄业。一九三七年加入中国共产党，为模范党员。入党后即参加武装斗争，与日本帝国主义直接肉搏，艰辛备尝，功勋卓著。民国三十二年十一月十一日南香峪战斗壮烈殉国，为中华民族解放事业流尽最后一滴血。”

1937年7月

陈垣

守北平坚持办学　保抗日进步师生

杨华锋

【人物小传】

陈垣（1880—1971年），中国历史学家、教育家。字援庵，广东新会人。在宗教史、元史、考据学、校勘学等方面，著作等身，被毛泽东称为“国宝”。曾任国立北京大学、北平师范大学、辅仁大学的教授、导师。1929—1952年，任辅仁大学校长；1952—1971年，任北京师范大学校长。历任第一、二、三届全国人民代表大会常务委员会委员。

有一个叫见月的和尚，清初在南京一所寺庙当住持。有人告发寺庙中有人“通贼”，就是和反清势力有联系。清兵要把寺庙封闭，抓走那些所谓“通贼”的人。见月和尚镇定从容，大义凛然，想尽办法保住了寺庙。这是陈垣在1940年写作的《明季滇黔佛教考》中讲的一个故事。这个故事就是抗日时期陈垣的真实写照：坚持抗日，维持辅仁大学，保护抗日师生。因此，辅仁大学赢得了“抗日大本营”的赞誉。

▼ 坚守北平　拒绝威逼利诱

七七事变后不久，日军占领了北平城。国立北京大学、清华大学南迁，大批师生南下。当时，辅仁大学没有南迁的打算，陈垣也没有南下，他认为沦陷区需要有一批人留下来主持正义。

像陈垣这样地位的人留在北平，日伪肯定会想尽办法拉拢。先是请他参加“东洋史地学会”并担任职务，这是一个披着学术外衣的汉奸组织。他当然拒不参加。1941年太平洋战争爆发后，日本提出建立“大东亚共荣圈”的战略目标，在北平策划筹建“东亚文化协议会”。鉴于陈垣在国内外教育界的声望，日伪又准备让他担任副会长，派人前去游说。来人利诱说：“日本人已许诺，陈先生出任副会长属众望所归，可发给月薪5000元。”陈垣断然拒绝：“莫说几千元，即使万两黄金我也不干！”

来人满脸愧色退去。

▼ 坚持办学　多方营救教员

沦陷期间，日伪对高校实行奴化教育，日语被作为必修课，教材改用日文课本等。辅仁大学由于教会背景虽未被日伪接管，但同样面临着难以想象的压力和干扰。辅仁大学不接受伪教育部命令，仍遵国民政府之学制及校历、假期规定，使用原有教材，保持了北平古都学府一片净土。

1938年徐州失陷，日伪当局强迫北平机关、学校挂伪国旗，游行“庆祝”。辅仁大学和附中拒绝挂旗、游行，附中被强令停课3天。日本人找到校长陈垣“质问”恫吓，陈垣说：“国土沦陷，我们只是悲痛，要庆祝，办不到！”从此，学校返校节等集会，皆以校旗代伪国旗。他认为，悬起冒牌国旗“使人一见，感领土之沦亡致为泪下”“是最大的耻辱”。

1939年，学校放映影片时，忽然出现中国国旗，在场学生都情不自禁地起立鼓掌。日本宪兵队找陈垣责难，要他交出鼓掌的师生。他回答：“带头鼓掌的是我，要逮捕就把我抓走！”慑于他的威望，这件事后来不了了之。

▼ 潜心研究　以书斋作战场

全民族抗日战争期间，陈垣闭门谢客，潜心研究，撰写了7部专著、10余篇论文。他提倡经世致用和“有意义之史学”，以书斋作战场，以纸笔为武器，阐发中国历史上的爱国主义传统，以此借古喻今，痛斥日寇侵略和汉奸卖国。

陈垣在这一时期著就了被他称为自己“学识的记里碑”的《通鉴胡注表微》。南宋史学家胡三省，宋亡后，坚决不做元朝的官，隐居山中，极其艰苦，倾注全部精力，为司马光的《资治通鉴》做注解。因此，有人认为他擅长地理或是考据，而他为什么注《资治通鉴》，用意何在，却没有人注意。陈垣过去也没有考虑过这个问题。直到抗日战争爆发，他身在日伪统治下的北平，与胡三省有相似的遭遇，才切身体会到胡三省对于元灭南宋的深切亡国之痛，于是发奋著《通鉴胡注表微》，以此阐发胡三省在为《资治通鉴》作注时隐藏在注文中、当时不便明言的爱国思想。

在日本帝国主义入侵中国的时候，同样作为一名知识分子，陈垣“以史事讽喻今事”，引古证今，表达他的爱国思想。

▼ 坚持八年　不办开学典礼

自1937年日本全面侵华以来，辅仁大学8年坚持不办开学典礼。1945年8月15日，日本宣布无条件投降。9月3日，辅仁大学举行了8年以来首次开学典礼。

陈垣在开学典礼上讲话说：“民国二十六年以来，我们学校已有8年不行开学典礼，因我们处在沦陷区域，国旗拿不出来，国歌亦唱不响亮，甚至连说话都要受到限制，为了一切不必要的麻烦，以往的8年是由不动声色的黑暗世界中度过的，从昨天日本投降签字起，世界的永久和平已经产生，光明的新时代已经开始，所以8年来的第一次开学典礼，是特别值得庆贺的。”他痛斥那些为日伪服务的人“已经忘了我们国旗的本来面目”。

在抗日战争胜利后的一个元旦团拜会上，国民党一位高级官员说北平这地方没有一点民族意识。陈垣听了十分气愤，便站起来反驳他，说：“你过去来过这里没有？我们在日本人统治下进行斗争，你知道吗？可惜你来得太迟了！”于是愤然离席，并说今后再也不参加这种集会了。

【史迹寻踪】

辅仁大学

北京辅仁大学创建于1925年，前身是北京公教大学附属辅仁社，1927年更名为私立北京辅仁大学，1931年在南京中央政府教育部正式立案。1950年10月由中央人民政府接办。1952年院系调整，与北京师范大学合并，共有27年历史。在这段历史时期，历年在北京辅仁大学注册入学的学生共12355人，历届毕业本科学生4812人，研究生76人。

1937年7月

董鲁安

教授秘赴根据地　撰文揭露日罪行

苏　峰

【人物小传】

董鲁安（1896—1953年），原名董璠，字鲁安，又名于力。满族，祖籍河北宛平，生于北京。1925年毕业后在北京女子师范大学、北京师范大学、河北国立天津女子师范学院、燕京大学等地任教。对文学、佛学均有研究。北平沦陷后，进行掩护进步青年的抗日活动。1942年秘赴晋察冀边区抗日根据地，1943年任首届晋察冀边区参议会副参议长。1949年以无党派民主人士身份出席新政协第一届全体会议，后任中央人民政府政务院人民监察委员会委员等职。

董鲁安是20世纪三四十年代著名的国文教授，为人洒脱、幽默，深受学生爱戴。同时，他热爱国家，反抗日伪统治，是沦陷时期颇为传奇的进步教授。

▼ 曾与老舍是同学　亲历火烧赵家楼

董鲁安青年时代在北京高等师范学校（1923年更名为北京师范大学）读书时，与老舍是同学，两人相知甚深。董鲁安曾参加五四运动，亲自参与火烧赵家楼，后在天安门集会时被军警围住，囚禁在北京大学第三院一晚上。此后同学6人被捕，学校罢课，他与同学们每天都到街头演讲，编印和散发宣传品。这一段青年时的经历，奠定了他人生爱国主义的主基调。

1920年董鲁安毕业后，留校任附属中学教员。董鲁安的爱国情怀和幽默诙谐影响了一大批学子。著名科学家钱学森和张维（两院院士、清华大学副校长）都曾提及那一段学习时期的逸闻。钱学森曾说："上世纪20年代的北京师范大学附中有特别优良的学习环境，我就是在那里度过了6年，这是我一辈子忘不了的6年。当时都感到国家存亡问题压在心头，老师同学们在这样氛围中，为振兴中华，努力学习。我们班上，给同学们印象最深的是教语文的董鲁安老师。董老师把语文课变成了思想政治教育课。我们就从那个时候懂得了许多道理，我们要感谢老师。"

张维回忆说："语文老师董鲁安先生是在20世纪20年代师大附中最为学生称道的老师之一。董先生给人们的印象是个乐观派、名士派，非常潇洒。他讲起书来慢条斯理，一板一眼。所以他的课深受学生喜爱。"

在师大附中任教时，董鲁安还有一位学生很传奇，他就是新中国成立后长期担任北京市委第二书记的刘仁。两人师生关系很好，刘仁是四川人，家境贫寒，董鲁安还资助过他。刘仁抗战时期是晋察冀边区北方局城工部部长，他派人和董鲁安联系，使得董鲁安逃离沦陷区、奔赴抗战前线的心愿得以实现。

▼ 怒目横对日军官　严拒威逼和利诱

全面抗战爆发后，北平的清华大学、北京大学等国立大学先后南迁，许多爱国青年纷纷奔向解放区，投身抗日救亡运动。北平沦陷后不久，时任燕京大学国文系主任的董鲁安和妻子关竞乘坐有轨电车外出访友，突然上来一名日本军官，傲慢地坐下后，双手将军刀拄在地上，眼光凶狠地投向同车的中国人。大部分乘客唯恐避之不及，只有董鲁安毫不示弱，投之以愤怒的目光。

董鲁安在学生面前宽厚幽默，对日寇则疾恶如仇。老舍夫人胡絜青曾回忆，老舍名著《四世同堂》中大义凛然的诗人钱默吟，就有董鲁安的影子。董鲁安和老舍不仅是莫逆之交，董鲁安还是老舍与胡絜青成婚时女方的大媒。

董鲁安爱惜和敬佩青年学生们的爱国热情，掩护和帮助进步青年，还与燕大学生中的中共地下党员建立联系。当时他家住在未名湖南畔的佟府院内，常常让出家中客厅，以“读书会”的名义，为地下党小组在那里开会提供便利。此外，他还不怕牵连，同意把募集的急需物资寄存在家里，由中共地下组织随时派人带往根据地。

太平洋战争爆发后，日军强行查封了燕京大学，并以“抗日”罪逮捕了邓之诚教授等 16 人，制造了“燕大教授案”。董鲁安也被软禁在家中，全家人的生活失去经济来源。但他临危不惧，抗议言论激烈。他宁可典当衣物维持生计，也不去日伪机关登记任职。两个月后，董鲁安在学生声援下得以脱险。此后，他从燕园搬回西城屯绢胡同 18 号，深居简出，潜心研究佛学，只接受周叔迦的北平私立佛教学院和何其巩的私立中国大学的聘请，表现出崇高的民族气节。董鲁安以研究佛教著称，常常参加佛事活动，他有个学生便以研究佛学为名，劝他出席日本著名密宗和尚的欢迎会，成立一个中日佛教团体，从而获得可观收入，被他严词拒绝。

▼ 假扮出家入空门　秘赴晋察冀边区

1942年春，晋察冀根据地和董鲁安联系，聘请他到边区工作，他慨然前往。5月的一天，董鲁安用“消字灵”将“良民证”上职业一栏的“教授”二字抹去，换上“商人”字样，并同夫人商量好，故意留下一张纸条，上写“看破红尘，决心去五台山出家，家人不必悲伤，亦无需寻找”云云。次日清晨，董鲁安身着长衫，头戴礼帽，腋下夹个大皮包，俨然一副商人打扮，搭乘预先订好的人力车，去前门车站。可惜他此次易装出走，因途经路线遭日伪清剿而中断，不得不暂返家中。

8月，在中共地下党组织的精心安排下，他辗转经保定到满城，过封锁线后到了晋察冀第一军分区所在地狼牙山下的易县周庄，受到军分区司令员杨成武的欢迎。

在解放区，董鲁安切实感到这里的军民“熔铸了全民族社会各阶层的意志，也熔铸了四万万五千万同胞共同的信心”，由衷地为中共坚持的民族统一战线而鼓舞。当他穿上解放区为他裁制的军服时，曾作诗自诩：“旧来学侣如相识，可笑书生作老兵。”不久，《晋察冀日报》连载他写的长篇报告文学《人鬼杂居的北平市》，以耳闻目睹的大量事实，深刻揭露日寇和汉奸在北平犯下的罪行，热情歌颂了北平人民的爱国主义行为。

《晋察冀画报》报道晋察冀边区第一届参议会开幕

此后，董鲁安任华北联合大学教育学院院长。1943年1月，被选为晋察冀边区第一届参议会副参议长。会议召开之际，董鲁安与聂荣臻、阮慕韩、张苏、刘奠基、宋劭文、吕正操、邓拓等发起成立以旧体格律诗词为主的“燕赵诗社”，以期“昂扬士气、激励民心，以燕赵之诗歌，作三军之鼓角”。

1943年秋，董鲁安参加对日反“扫荡”斗争，在艰苦作战之余，作诗200余首，表现出坚定的革命斗争意志和乐观主义精神。这些诗后被编为《游击草》诗集。

▼ 父子三人齐上阵　点燃一片爱国情

话说董鲁安离家之后，亲友探问，妻子关竞总是一面啼哭，一面将丈夫留下的“出家”字条示人。董鲁安长期研究佛学，一般人也就信以为真。不久，董鲁安女儿结婚，

在中山公园来今雨轩举行婚礼，关竞当众宣布董鲁安已遁入空门，当了和尚，一时传为佳话，被认为是继李叔同（弘一法师）之后出家为僧的另一位学者。后来董鲁安的好友王西徵、崔毓林去他家看望，当关竞一面啼哭一面拿出字条时，他们两人都哈哈大笑说：“大嫂不必再做戏了，大哥的事我们都已经知道，我们也准备到那边去啊。”

董鲁安的家庭追求民主、进步，在小儿子董葆和（后改名为于浩成）的印象中，父亲和兄长董葆先常在家谈CP（the Communist Party of China，中国共产党的英文缩写）、CY（the Communist Youth League of China，中国共产主义青年团的英文缩写），他自小就受到爱国情怀、进步思想潜移默化的熏陶。

董鲁安走后，中共地下党在燕京大学的联系人每月给他家送去生活费，并和董葆和联系。当时董葆和在师大附中上学，思想进步，和同学们发起“萤火社”，家里成为活动场所。家中所藏的书籍，譬如斯诺的《西行漫记》、艾思奇的《大众哲学》，以及鲁迅等一大批左倾文学作品，影响到这群反日伪、求进步的中学生。1943年，董葆和被发展入党，7月也秘密去了晋察冀边区。他的同学们在他走后又成立了“海燕社”，海燕社一度发展到24所学校、120余人，后来骨干也都秘密奔赴根据地，再被派回北平开展地下工作，为抗战胜利做出了贡献。

董鲁安父子三人投身抗日救国运动，带动了一大批人反日伪、追求进步，为抗战胜利、民族复兴做出了贡献。

1937年7月

李苦禅

国画大师意志坚　地下抗日传情报

刘　岳

【人物小传】

李苦禅（1899—1983年），现代书画家、美术教育家。山东高唐人，原名李英杰，后改名英，字励公。抗战时期，为中共晋察冀分局社会部黄浩地工组成员。新中国成立后，任民族美术研究所研究员、中央美术学院教授、中国美术家协会理事、全国政协委员。

李苦禅先生是中国美术史上一位承前启后的艺术大师，美术界公认“吴昌硕之后有齐白石，齐白石之后有李苦禅”。

苦禅先生是山东高唐县李奇庄的一个农家子弟，自幼爱好武术和绘画。1919 年，他只身到北京求学，由于生活艰苦，他白天听课学画，傍晚或休息日拉洋车糊口。同学林一庐看他学画艰苦异常，所绘之画亦如“禅宗”画，就给他别号“苦禅”，此后，“苦禅”替代了他的名字“英杰”。

▼ 教堂接头　联络抗日

1937 年 7 月 7 日卢沟桥事变后，北平沦陷，汉奸组织“新民会”想让苦禅先生出来给他们撑撑门面，被严词拒绝。第二天，李苦禅先生辞掉北华美专、北平美术学院的教学职务，决心不给被日本人占领的学校做事。

北平新街口教堂的黄浩长老是八路军冀中军区“平津特派人员主任”，苦禅先生的学生黄骐良与黄浩同乡同宗。通过黄骐良介绍，苦禅先生成为“黄浩情报组”的一名成员。

▼ 地下特工　小院藏身

苦禅先生参加抗日地下工作后，他居住的柳树井 2 号就成为“黄浩情报组”的联络点。柳树井 2 号院子很小，小院门朝南开，南屋三间不大，很简陋，其中的一间半是他作画、休息和接待地下同志的地方。交通员、奔赴根据地的青年学生、外国友人等常在这儿藏身、中转，然后转移到根据地，奔赴抗战前

线。至于这些人的姓名、去向，他从不打听，也记不住都是什么人。因为他明白这是地下工作的秘密。

有时候赶上苦禅先生手头紧巴，为了给过路的同志凑盘缠，他就到当铺卖了自己的衣物换钱。还有的时候，他到当铺买回些旧衣服，给同志们化装。他根据同志们的口音，换上相应的衣服，再巧用笔墨，一番装扮后年轻人成了老头，读书人成了庄稼汉，教书先生变成小商贩，常常弄得被化装的同志对着镜子都认不出自己来。

苦禅先生一家节衣缩食，却千方百计让路过柳树井的“地工”人员吃饱饭。有时家里的粮食吃光了，他就去粥棚赊粥，一旦赊不来粥，全家就要挨饿。苦禅先生在新中国成立后曾感慨地对子女们说：“那时候讲‘爱国’一词，真是沉甸甸呀！抗日爱国就意味着随时准备挨饿、流血、杀头。”

▼ 抓进监狱　惨遭折磨

苦禅先生的地下抗日行动，引起了日本宪兵特务的怀疑。

1939 年 5 月 14 日黎明，十几个日本宪兵和汉奸冲进了苦禅先生的小南屋。鬼子用枪顶住了苦禅先生和他的学生魏隐儒，将他们用手铐铐在一起，押上大卡车，以私通八路的罪名抓到沙滩北大红楼——北平日本宪兵队本部“留置场”（拘留所）。

关押期间他多次受到折磨：灌凉水、压杠子、抽皮鞭，甚至往指甲里扎竹签。打晕过去了，就用凉水激醒，接着用刑。但是，苦禅先生扛住了，什么都不承认。几十年后，苦禅先生回忆在监狱中的经历时谈道：

“沙滩儿红楼，50 多年前我在那里上过课，文学课。文科大楼下边是地下监狱，住了 28 天，死了多少次。灌水是常事。压杠子压了一次，都‘死’了。浇凉水，通身很凉，一泼水就缓过来了。

“那时每天 8 点钟上堂，下午是 1 点钟上堂。他们要枪毙的人，星期六就提出来到别的屋里去了，第二天早上就行刑。在一次审讯中，鬼子头少佐上村喜赖问我：

‘苦禅先生，今天星期六，我救不了你了！’

“我说：‘上村！你们杀人的法子不是4个吗？一狗吃，二枪毙，三活埋，四砍头。你尽管用吧！我不怕这个！’”

由于苦禅先生知名度高、影响大，再加上没有真凭实据，日本宪兵只好把他放了。释放时，鬼子还耍花招，既不说放他回家，也不说惩办他。苦禅先生想：鬼子可能要在背后下毒手。想到这儿，被打得浑身浮肿的他忍着伤痛，无畏坦荡地朝前走。快到家门口了，他琢磨：鬼子怎么还不开枪啊。回头一看，盯梢的人离得远远的，枪法不好，恐怕还真打不着了。这回李苦禅明白了，鬼子是想放长线、钓大鱼，以后更得小心。

▼ 庆祝胜利　表演拳术

柳树井2号联络点不能再用了，苦禅先生就借书画巧妙地宣传抗战。在讽刺漫画《大官风顺图》戏装丑官上面题道：“有乳为母金为爷，奴颜婢腿三世节。励公戏作。”辛辣地讽刺了那帮有奶便是娘的汉奸。还有一件《兰花图》，借用南宋诗人、画家郑思肖的典故题道：“曾记宋人写兰而无根无土，或有问曰：‘奈兰无土将何以生？’即曰：‘土被金人夺去矣！’文人为社稷之怀抱如此，其伟大可知矣！”但苦禅先生则画有土生根的兰花，表示坚信抗战必胜、国土必复的信念。从那时起，他经常在画竹的作品上题道：“胸无气节者不可画竹，胸有气节者写竹易成。”画如其人，苦禅先生笔下的兰竹，正是他刚毅人格的一种体现。

盼望的时刻终于来到了，1945年8月，日本鬼子投降了。苦禅先生高兴啊！在一些公开的场合，他表演拳术、清唱京剧，与同胞们共享胜利的喜悦。

后来当人们问起苦禅先生参加抗日地下情报活动的事儿，他总是说：“些许小事，不足挂齿。”到了十年动荡时期，苦禅先生被迫一遍遍地写交代材料，他的抗日事迹才逐渐传出来。

抗战时期的李苦禅

“造反派”不相信，愣逼苦禅先生承认自己是个“老反革命”“老反共”。苦禅老人非常愤怒：“我当年参加过八路的地下工作，不信你们调查去！有半点撒谎就判我死刑！我以老命担保！”

“造反派”威胁说：“你敢写保证书吗？”

苦禅先生挥笔写道：“保证书：日本沦陷（北京）时所有一切汉奸事没做过，新民青年会开画展没有参与过，而且这个名字我就不知道。如果有的话，我认罪，如查出，我以生命抵罪！一九六九年一月十五日李苦禅。”写罢，苦禅先生还按上指印。

“时穷节乃见，一一垂丹青。”苦禅先生就像他的大写意国画雄鹰一样——“英视瞵瞵卫神州”。

【史迹寻踪】

柳树井2号

李苦禅先生居住的柳树井2号，曾经是北平地下党的联络点。柳树井胡同位于西城区西南部，东西走向。东起嘉祥里，西止复兴门南。明代属阜财坊，清代属镶黄旗。原称柳树井胡同，1965年改称柳树胡同。1980至1990年间拆除，原址现建有中国教育电视台等建筑。

1937年8月

蓝公武

大学讲台宣抗日　挨饿不收汉奸粮

冯雪利

【人物小传】

蓝公武（1887—1957年），字志先，笔名知非，广东大埔人。早年毕业于日本东京帝国大学哲学系，1913年赴德国留学，后回国任《国民公报》社长、《晨报》董事等职，期间参加辛亥革命和护国运动、护法运动。抗日战争中，举家抵达晋察冀军区。1948年，任华北人民政府副主席兼民政部部长。中华人民共和国成立后，任最高人民检察署副检察长兼政务院政治法律委员会委员、第一届全国人大常委会委员。

▼ 痛骂日本兵　被称“蓝疯子”

1937年8月8日，日本驻北平司令官河边正三率领2000余日军进驻北平城。这天，北平的大街上痛骂日本鬼子之声不绝于耳，最引人关注的是一名男子从家里操起一把铁铲往外跑，用冒着火的眼睛瞪着一队队入城的日本兵。

此人正是辛亥革命时期梁启超门下的“三少年”之一、当时研究系的一员名将、中国大学教授蓝公武。

蓝公武早年赴日留学，毕业于东京帝国大学。回国后师从梁启超，与张君劢、黄远庸合办《少年中国周报》，时人称为梁启超门下“三少年”或“新中国三少年”。1928年，国民党宣称国家统一后，蓝公武开始在中国大学教书，从此不问政事，安享教书育人的平静生活。

但是，好景不长。1931年九一八事变后，东三省很快陷入敌手。1937年7月，卢沟桥事变爆发，8月8日，日军进驻北平城。这一天，也是蓝公武最痛心的一天，他甚至要亲自跟日本人一战，于是就出现了他拿铁铲找日本人拼命的一幕。日本兵看着骂骂咧咧还拿着武器的蓝公武，顿时将他团团围住，接着就是一顿毒打，并将他捆绑起来，准备抓进监牢。

看到这种情形，他家邻居赶快跑了出来，说他是一个疯子，日本人才把他放走，算是少了一场牢狱之灾。很快蓝公武痛骂日本兵的事情传遍了北平城，人人称快，这一骂，给北平人出了口气。从此，蓝公武也得了个“蓝疯子”的绰号。

▼ 上课讲抗日　引来特务听

中国大学和辅仁大学、燕京大学是日本占领北平后没有南迁的3所私立高校，但是没有辅仁大学和燕京大学的外国背景，校长何其巩办校民主，允许在学校宣传抗日。当时，蓝公武担任中国大学二年

级新闻学教学，他时常利用讲课之机，向学生宣传日本必败，并启发学生的爱国思想。当年，蓝公武的讲堂常常是座无虚席，本系学生、其他系的学生以及附近院校的学生，都跑过来听课，把教室围得里三层外三层，水泄不通。

有一次，敌伪报纸报道：日本侵略者占领中印半岛——越南、缅甸、暹罗（今泰国）等地。蓝公武在课堂上对此发表看法，说："不要看他占领中印半岛各地，现在日本国内缺少大米，而中印半岛盛产大米，他占领中印半岛是为了掠夺中印半岛的大米，以弥补他国内及军事上的需要，日本是必定要败的。"当堂的日伪特务学生站起来质问："蓝教授，您这是宣传抗日思想。"蓝公武不慌不忙地回答："我说的是有根据的，你要听，请坐下来；不听，可以走嘛！"第二天，蓝公武被抓进了日军的宪兵队。

▼ 被抓宪兵队　酷刑坚不屈

其实，日本宪兵队抓捕蓝公武的直接原因是有人告发，但是宪兵队审问不出个所以然来，就开始审问他在课堂上公开宣传抗日的事情。日本人问他为什么反日？蓝公武毫不畏惧地回答："你们日本人侵略我的祖国，占领我国土地，欺凌中国人民，我当然反对你们。"日本人又问："你的组织在哪里？是国民党还是共产党？"蓝公武说："我只是中国人的一分子，从来没有参加过共产党或国民党，更没有什么地下组织。"直接提审蓝公武的是一名日本大佐，这家伙不分昼夜多次提审蓝公武，但是多次交锋都没有审问出什么，就开始对蓝公武残酷用刑，除了拷打之外，还给他灌凉水，先把肚子灌得很大，然后再用脚踩出来，用烟火烧。各种酷刑用尽，蓝公武依然不屈服。

日本大佐经常是半夜提审，有时候一夜要提审几次，每次翻译都得一起去。多次审问之后，翻译已经不胜其烦，为了尽快结束审讯，他就直接把蓝公武的回答翻译成认罪。蓝公武一听，暴跳如雷，直接用日语骂他"混账"，质问翻译为什么故意歪曲他的回答。日本大佐一听蓝公武一口流利的日语，马上请蓝公武坐下，

问他日语为什么这么好。蓝公武说自己是东京帝大毕业生。刚好，日本大佐的老师也是东京帝大毕业，比蓝公武还低几级。日本大佐顿时对蓝公武客气了许多，直接称呼蓝先生。但蓝公武还是被关押了9个多月。

▼ 宁愿要饿死　不收汉奸粮

蓝公武被释放后，不能在中国大学教书，工资停发，只能靠典当和变卖家什维持生活。把善本书和值钱皮货陆续卖掉，最后连金牙也卖了，再无东西可卖。房东出于对蓝公武的敬重，不再收房租。全家生活靠老岳母一个人维持，每天窝头就咸菜度日。

一天，忽然有人敲响了蓝家的大门，送来了大米、白面还有白糖。孩子们高兴极了，已经开始想象吃馒头的香味了。但是，当蓝公武打开送粮人带来的书信后，怒不可遏，跺脚大骂，叫他把米面带走。那人不肯，蓝公武径直把米面拎到门外，倒在街上，口中还骂着："这个王八蛋，你当汉奸我就和你绝交了，还说什么老朋友。"原来米面是他曾经的留日同学、当时的汉奸派人送来的，还捎信说什么"仅以老朋友身份送一点米面，聊表老友之心意"。蓝公武是宁愿全家饿死，也坚决不收汉奸送来的东西。

1938年3月

邓华

邓宋纵队进冀东　沙峪战声震怀柔

张慧舰

【人物小传】

邓华（1910—1980年），原名多华，字实秋，湖南郴州人。中国人民解放军开国上将。1927年3月加入中国共产党。曾任红一师、红二师政治委员，八路军第一一五师六八五团政治处主任，辽西（后改辽吉）军区司令员，第四野战军十五兵团司令员。新中国成立后，担任中国人民志愿军第一副司令员兼第一副政治委员，沈阳军区司令员，兼任人民解放军副总参谋长，1959年因受彭德怀错案株连，被撤销党内外一切职务。1977年8月，担任中国人民解放军军事科学院副院长。第十二届中央军事委员会委员。1980年7月3日在上海病逝。

▼ 开辟平西根据地　斋堂川建县政府

1937 年 8 月，在陕西洛川召开的中共中央扩大会议明确提出要在冀察边境开展抗日游击战争、创建抗日根据地。1938 年 2 月，中共中央决定以雾灵山为中心，建立冀热辽根据地。1938 年 2 月下旬，以晋察冀军区第一军分区第三大队为主，组成邓华支队（亦称冀东支队），支队的司令员兼政治委员就是邓华。

1938 年 3 月初，邓华支队自河北涞源出发，出紫荆关沿长城东北行进，经板城、野三坡进入斋堂川，司令部设在西斋堂村中的聂家大院。邓华支队协助地方在东斋堂建立了宛平县抗日民主政府，后又建立了中国共产党的地方组织——平西地方工作委员会。邓华支队以斋堂川为基地向周围地区发展，平西抗日根据地初步形成。

1938 年 4 月 20 日，正在晋西北与日军作战的宋时轮支队接到电令，从雁北出发，经张家口向冀东进军。5 月 25 日，到达平西，与邓华支队会合。邓、宋两支队会师后，根据 5 月 17 日八路军总部的电令，邓华支队改为十一支队，宋时轮支队改成十二支队，两支队合编为八路军第四纵队。宋时轮任司令员，邓华任政委兼纵队党委书记，李钟奇任参谋长，伍晋南任政治部主任。

▼ 袭击电厂杀日寇　街头露宿守规章

1938 年 5 月 31 日，四纵指战员 5000 余人，浩浩荡荡，由斋堂出发，分南北两路，经平北向冀东挺进。

十一支队下辖三十一、三十二、三十三 3 个大队。在邓华率领下，三十一大队一营强行越过平绥路，直攻延庆，掩护主力部队通过平绥路。战斗打响后，日伪军不知所措，晕头转向，慌忙退至鼓楼死守。战斗打得很激烈，击毙日军十几人，完成任务后部队撤出战斗，东进攻克永宁。主力部队在康庄路过时，消灭了驻守之敌，袭击了发电厂。东进部队很快又打下四海，杀日军 10 余人，缴获一批枪支弹药。初战的胜利，使八路军战士们士气高昂。

当地群众欢欣鼓舞，送茶送水，筹集军粮，支援八路军。邓华支队路过永宁时，天色已晚，他们模范地遵守纪律，不惊动百姓，露宿街头。次日清晨，战士们又打好背包，泼水扫街，清理垃圾。许多人见到这种情景，都说还从来没有见过这样好的军队。

▼ 抓获特务知行踪　利用地形设伏击

6 月 11 日凌晨，邓华支队在怀柔沙峪村首先拿下伪警察所，接着八路军侦察员捉到了 3 个汉奸特务，经过审讯，得知日军关东军驻守密云的一个中队正朝着沙峪方向行进，企图支援四海守敌。

为了策应冀东大暴动，八路军总部曾指示四纵在东进路上，尽可能避免与敌人正面接触。然而，这次日军迎头而来，四纵东进受阻。不消灭这股敌人，八路军不可能顺利通过怀柔地区。邓华听到这个消息后，果断地说："这股敌人可能是来增援四海之敌，对我军的行踪还不了解，我们可以在这里等他来，打一个伏击。"经过商议，他们决定利用地形痛击敌人。

沙峪村东，有一条通向怀柔县城的必经之路，路两旁是 1 米多高的土坡，坡北是土山，坡南是怀沙河，河南是高山。伏击侵略者的战场就选在沙峪村的东山嘴。纵队参谋长李钟奇周密地部署了兵力，三十一大队一营埋伏在河套南山，二营埋伏在河套北山，在日军前进方向的正面部署了一个连的兵力。战斗打响后，三十四大队也赶到沙峪投入战斗。

▼ 战士组成突击队　手榴弹灭重机枪

沙峪抗日纪念碑

上午 11 点，在远处河边的小路上，一队日军由东向西疾速而来。河边小路越来越窄，日军不得不变成一路纵队，中队指挥官走在队伍前面。当日军完全进入八路军埋伏圈时，指挥员一声令下，隐蔽在山上的八路军战士立刻向敌人猛烈开火。

战斗最激烈时，双方展开了肉搏战，在沙峪河套边、山坡上、谷地里，敌人丢盔弃甲，尸横遍地。

下午 3 点多钟，枪声渐稀，但仍有五六十个日本兵拒不投降。邓华紧锁眉头，在指挥室里踱来踱去，他转过身对三十一大队队长季光顺说：“你组织一个突击队，隐蔽前进，绕到敌人的背后，用手榴弹消灭

【史迹寻踪】

聂家大院

八路军邓华支队司令部旧址位于北京市门头沟区斋堂镇西斋堂村聂家大院。聂家大院为清代民间建筑，坐北朝南，呈长方形，长约 40 米，宽约 20 米。1938 年 9 月，日军占领斋堂川，司令部所在地聂家大院被烧毁。现原建筑仅存门楼，其余为后来改建。

掉敌人的重机枪。”季光顺组织了一个排的战士，每人带上 10 颗手榴弹，匍匐接近前沿阵地。在没膝的高粱掩护下，战士们很快接近了敌人。“打！”指挥员一声呐喊，冰雹似的手榴弹在敌群里开了花，炸得日军血肉横飞、鬼哭狼嚎。

下午 4 点多钟，战斗终于结束了。这次伏击战，全歼关东军一个中队 120 余人，缴获步枪 80 多支、轻机枪 3 挺、掷弹筒 3 个。

沙峪战斗的胜利，保证了四纵主力顺利通过怀柔地区到达冀东，从而使八路军声名远扬、士气大振。沙峪战役打响了怀柔抗日第一枪。

1938年3月

张自忠

英勇抗战“活关公” “尽忠报国”永不死

苏 峰

【人物小传】

张自忠（1891—1940年），字荩忱，山东临清人。1911年考入天津法政学校，次年转入济南法政专科学校。1914年投笔从戎，入冯玉祥西北军。历任排长、连长、营长、团长、旅长、师长、军长等职，并先后兼任察哈尔省主席、天津市市长。1938年10月任国民革命军第三十三集团军总司令。1939年5月，被授予上将军衔。1940年5月16日，在湖北枣宜会战中壮烈殉国。

在北京只有3处以现代人物姓名命名的街道，即东城区的张自忠路和西城区的佟麟阁路、赵登禹路。这3位都是为国捐躯的抗日名将。

▼ 重创日军　夺抗战重要战绩

殉国前，张自忠在多次对日作战中都取得了骄人战绩。1938年3月的两次临沂战役是抗战全面爆发后他打的第一仗，胜利来之不易。

第一次临沂战役中，时任第五十九军军长的张自忠率部一昼夜强行军180公里，驰援鲁南军事要地临沂。14日凌晨，张自忠指挥全军暗渡沂水，向号称日寇“钢军”的精锐第五师团（由板垣征四郎中将带领）右侧背发起攻击。日军被迫放弃正面攻城，转而对五十九军作战。双方展开混战，短兵相接，几度形成白刃战。战至16日，战区认为五十九军伤亡过重，建议撤退。但张自忠坚持作战，他说：“我军伤亡很大，敌人伤亡也大。敌我双方都在苦撑，战争的胜利，决定于谁能坚持最后5分钟。既然同敌人干上了，我们就要用精神和血肉拼命干一场，不打败敌人誓不罢休！”16日夜10时，五十九军发起空前猛烈攻击，拼杀至17日凌晨4时，攻克日军全部主阵地。同日，守军庞炳勋率第四十军抓住有利战机，率部猛袭日军侧背。18日张、庞两军从东、南、西三面夹击日军，经过昼夜血战，精锐第五师团终被击溃。张、庞两军共歼敌4000余人，张部消灭了3000多人，其中包括日军大佐、中佐和大队长各1名。五十九军也伤亡惨重，成建制战死的有1个营、3个连。

▼ 数次大捷　日军称其“活关公”

3月22日，五十九军奉令到达费县县城。板垣征四郎听闻张自忠部他调，又向临沂发起第二次进攻。庞炳勋孤军应战，被迫退守临沂以东，并频频发出求援急电。23日晚，五十九军不顾往返辛劳，奉命又以强行军回返临沂。30日发动反攻，板垣征四郎丢弃了大衣和手杖，落荒逃命。第二次临沂战役胜利结束。两次血战，五十九军伤亡惨重，仅连长就伤亡 120 名。张自忠与庞炳勋两次打退号称日寇“钢军”的板垣师团，歼敌 5000 余人的两次临沂战役成为台儿庄会战的另一个主战场，彻底粉碎了板垣、矶谷两师团在台儿庄会师的计划，致使矶谷师团孤军深入，后被李宗仁部队重创，从而取得台儿庄大捷。

1938 年 10 月，张自忠由第五十九军军长升任第三十三集团军总司令。后兼第五战区右翼兵团总司令。1938 年 11 月到 1939 年 4 月初，张自忠指挥所部接连在鄂北进行了 4 次中小规模的战役，歼敌不下 4000 人，其中 2 月的京山之役战绩尤佳。1939 年 5 月 2 日，国民政府授予张自忠上将军衔。

1939 年 5 月，随枣会战开始，张自忠率部取得“鄂北大捷”。12 月，又率右翼兵团歼敌 4500 余人，取得“襄东大捷”，中国老百姓美称他为“活关公”。此后，张自忠的勇猛善战也受到敌军的尊敬，被日军冠以“现代关公”和“活关公”的称号。关羽在中国被美化成武圣人，在日本则是战神的象征。

▼ 威猛善战　日军亦佩其武德

1940 年 5 月 1 日，枣宜会战打响。张自忠亲笔写信，告谕五十九军各师、团主官：“看最近之情况，敌人或要再来碰一下钉子。只要敌来犯，兄即到河东与弟等共同去牺牲。国家到了如此地步，除我等为其死，毫无其他办法。更相信，只要我等能本此决心，我们的国家及我五千年历史之民族，绝不致亡于区区三岛倭奴之手。为国家民族死之决心，海不清，石不烂，决不半点改变！愿与诸弟共勉之。”

5 月 7 日拂晓前，张自忠率部奔赴河东战场，这是继 1939 年“四

月攻势”、随枣会战和冬季攻势之后，张自忠第四次过河督战。

15 日拂晓，张自忠仅率 2000 余人截击日军。张自忠原计划对日军形成反包围，他在里面，他的主力部队三十八师、一八〇师在外边再包一层，从而打一个歼灭战。

16 日，援军未至，而日军援军 5000 余人却赶到，包围了张自忠部。敌我双方多次厮杀，血肉横飞。张自忠身边仅余不到千人。官兵视死如归，与日军展开白刃战，附近山头多次得而复失。由于兵力过于悬殊，张自忠被迫退入南瓜店十里长山。日军以飞机大炮将南瓜店轰成一片火海。

这时西渡汉水，或东撤大洪山，均可脱离险境。部下多次劝张自忠退走，均遭到坚决拒绝。中午时，张自忠左臂中弹仍坚持指挥作战。战至下午 2 时，张自忠部只剩数百官兵，手枪营士兵一面冲上去抵挡日军，一面高喊：“总司令快走！总司令快走！”不料，喊声引起日军的注意，日军更加紧了围攻。

战至下午 4 时，部队伤亡殆尽，张自忠腰部又被机枪子弹击中，卧倒在地仍坚持浴血奋战。1940 年 5 月 16 日下午 4 时，一代抗日名将张自忠身中 6 枪，壮烈殉国。

湖北省宜昌市档案馆收藏了一本侵华日军战地记录《231 联队史》，作者是侵华日军华中派遣军第十一军团三十九师团二三一联队原队长浦银次郎，投降时任宜昌警备司令官、陆军少将，战后被远东国际法庭判处无期徒刑。《231 联队史》详细记载有张自忠战死疆场的悲壮一幕。

▼ 壮烈殉国　举国哀悼悲亲人

张自忠牺牲后，日军感佩其忠勇，列队脱帽向遗体敬军礼。日军盛殓将军遗体，葬于土坡上，坟头立一木牌，上书：“支那大将张自忠之墓”。

蒋介石得知张自忠殉国后，立即下令第五战区不惜任何代价夺回张自忠遗骸。与日军激战后，18 日上午，张自忠遗骸运抵第三十三集团军总部，将士痛哭相迎。副总司令冯治安含泪查看将军伤势并重新收殓遗体，后率众举行庄重的祭奠仪式。

位于重庆梅花山上的张上将自忠之墓

此后将军遗体由陆路运至宜昌，停灵东山寺，事先并未公布。消息一经传出，宜昌民众不期前来祭悼者逾数万人。敌机在上空盘旋轰鸣，却无一人躲避逃散。28日晨，灵柩运至重庆，蒋介石、冯玉祥等军政要员肃立码头迎灵。国民政府发布国葬令，颁发“荣字第一号”荣哀状。当天下午，蒋介石与军政要员和各界群众为张自忠举行了盛大隆重的祭奠仪式。随后，国民政府在重庆北碚雨台山为张自忠举行下葬仪式。蒋介石题词“勋烈常昭”，李宗仁题词“英风不泯”，冯玉祥题词“荩忱不死”。8月，延安也举行了隆重的追悼大会，毛泽东题写“尽忠报国”的挽词。

张廉云在张自忠殉国处

张自忠在5月7日赴河东战场的前一天，也就是6日晚，曾亲笔给冯治安留下临阵遗嘱：“因为战区全面战事之关系，及本身之责任，均须过河与敌一拼。……无论作好作坏，一定求良心得到安慰，以后公私均得请我弟负责。由现在起，以后或暂别，或永离，不得而知。”

1944年，在冯玉祥的帮助下，张自忠的女儿张廉云从陕西武功县的西北农学院转到重庆北碚的复旦大学继续念书。每周日不上课时，张廉云便步行几里至梅花山张自忠墓园凭吊父亲。

1938年春

刘恭

投身革命何辞死　青春热血洒平郊

王桂环

【人物小传】

刘恭（1911—1941年），宛平县军响村（今门头沟区）人，1938年加入中国共产党，担任宛平五区粮秣助理。1941年被日伪军捉住，敌人用尽各种方式威逼利诱，刘恭一直骂不绝口，丝毫未暴露党的任何秘密。在经历过种种酷刑后，日军放出几条狼狗将其咬死，刘恭至死对日军大骂不断，壮烈就义。

▼ 热血抗日男儿　遭日寇酷刑惨死

1941年3月5日清晨，平郊大地还是春寒料峭，几名日军推拉着一个高瘦、满身是伤、双脚拖着沉重脚镣的青年来到一块空地，空地四周布满了铁丝网，日军把这个青年紧紧地捆在一个木桩上，几条狂吠凶狠的狼狗盘踞在日军的脚边。铁丝网外站满了附近的乡亲们，他们胆怯又充满敬意地看着被捆绑的青年。

这时日军头目赖野走到这名青年的跟前，不死心地威逼着："你，说不说？不说，就死啦死啦的。"青年费力地摇了摇头，愤怒又轻蔑地对赖野说："我是堂堂正正的中国人，誓死不当亡国奴。"赖野恼怒地转身后退，然后一挥手，几条训练好的狼狗疯了一样扑向了青年，一块块血淋淋的肉从青年身上被撕下来……

四周的乡亲们惊叫着失声痛哭。青年忍着，用最后的力气，高声对乡亲们说："乡亲们，团结起来，把鬼子赶出中国去。打倒日本帝国主义，中国共产党万岁……"

这名惨死在日军酷刑之下的青年就是刘恭，这一年他才30岁。烈士牺牲时，没有留下一张照片，这成为后来祭奠者心中的遗憾。

▼ 粮秣工作重中重　刘恭总是能完成

1911年，刘恭出生在宛平县军响村一个普通农民家中，贫穷的家境使他过早地成熟起来。1938年春，八路军邓华支队来到宛平斋堂地区创立根据地。刘恭回村投入到抗日斗争中，很快就被吸收为中共党员。同年秋，刘恭被调到宛平五区担任粮秣助理。五区位于斋堂北部，是沟通平西、平北抗日根据地的必经之路。随着抗日战争的深入，这一地区越来越成为战略要地。

1940年，日军在斋堂建立据点后，对这一地区的控制更加严密，这不仅给这一地区的粮秣工作带来重重困难，而且使工作更加危险。刘恭凭着土生土长、山熟路熟的优势，专攻敌人防御的薄弱环节，每次总是把最艰苦、最危险的任务承担下来，经常深入到敌人的鼻子底下征粮征草。在极其艰苦的环境下，为了能及时解决部队和过往干部的供养问题，刘恭经常几日几夜不休息。在他的努力下，五区的粮秣工作总能圆满、及时、顺利地完成。

1941 年 1 月的一天，刘恭检查完各村的坚壁清野工作，风尘仆仆地来到区干部约定的集合地点汇报工作。深夜里，在一个小山村的草屋内，刘恭和大家围坐在油灯旁研究着下一步工作。突然，窗外传来两声枪响。接着，放哨的民兵跑进来说：“快撤！我们被包围了。”

▼ 叛徒出卖被包围　扛过日寇用酷刑

原来，一个叛徒领着近百名日伪军，包围了这个小山村，当哨兵发现时已经来不及了。

这时，外面的枪声和叫声已经响成了一片，几名干部已经倒在了敌人的枪弹下，面对这样的情况，刘恭沉着镇定，他熟悉地形，于是避开敌人的视线，悄悄地向村外退去，眼看就要冲出敌人的包围圈了，却被叛徒发现了。叛徒尖叫一声，领着七八个日军向刘恭扑来，子弹一颗接一颗地从刘恭耳边擦过。匆忙中，刘恭的脚扭伤了，动弹不得。看着扑来的敌人，刘恭迅速从怀里掏出几张有关文件和账目，揉成一团，放进嘴里。敌人看到刘恭往嘴里塞东西，急忙扑上去抢夺。一个日军紧紧勒住刘恭的脖子，伸手拼命向刘恭的嘴里掏。情急之下，刘恭奋力一咬。一声惨叫过后，勒着他脖子的手松开了，刘恭趁机咽下了纸团和日军血淋淋的手指。见此，几个日军扑上来，对他一阵拳打脚踢，刘恭很快失去了知觉。

敌人把昏迷了的刘恭拖到了沿河据点后，得知刘恭是区粮秣干部，便连夜对他进行审讯，企图通过他弄清楚粮食坚壁点和先进群众的名单。面对敌人，刘恭毫不畏惧：“你们想从我口中得到你们想要的东西，纯粹是痴心妄想。”接着，他大骂日军和汉奸，历数他们的罪行。敌人见审讯难以进行，便把刘恭拖进受刑室，鞭打、电刑、灌辣椒水、坐老虎凳，整整折腾了一夜，他始终骂不绝口，敌人一无所获。天亮了，敌人把不省人事的刘恭丢进了牢房。就这样，两天一审讯，三天一毒打，敌人把各种刑具都用遍了，依然没有得到一点信息。日军不死心，决定把刘恭押到斋堂据点交给队长赖野审讯。

一天，天还没亮，刘恭便被押上了卡车，看着纷纷跑来流泪送行的乡亲们，刘恭高声说：“乡亲们，日本鬼子是兔子的尾巴——长不了的。只要大家团结抗日，就一定能把他们赶出中国去……”日军慌了手脚，急忙用破布堵住了他的嘴。

斋堂据点是日伪军统治斋堂川的中心和指挥所，铁网密布。日军队长赖野向来以狠毒屠杀中国人著称，他听说了刘恭的情况后，便决定亲自审问这个硬骨头的中国人。

赖野坐在审讯桌后，目不转睛地盯着自己面前的年轻人，心里迅速地想着各种制服他的手段，面前的年轻人，个子高高的，瘦瘦的，除了那份冷静沉着似乎并没有什么不同之处。大约两三分钟过后，赖野伸出一只大拇指在刘恭面前晃了晃说：“你的，中国人的这个，我的，佩服得很。只要刘先生能和皇军合作，优待，大大的。不然，就死啦死啦的。”说完把已经抽出半截的战刀狠狠地装回刀鞘。

刘恭轻蔑地看着眼前的这个日军头目，想着他在宛平、在中国犯下的滔天罪行，冷冷地反问：“跟你们合作？屠杀我的父老兄弟？妄想！你这个杀人不眨眼的混蛋，还我山河……”刘恭一面叫骂着，一面向赖野走去，赖野没料到，这个遭受重刑之后的汉子还会有这样的胆量，一时手足无措。

他身后的翻译官见状忙迎上去，一边骂着，一边抡起拳头向刘恭打去，刘恭举起手中的铁链奋力打在翻译官的肩头上。随着一声怪叫，翻译官歪在墙边，刘恭跟着飞起一脚，踢翻了审讯桌，向赖野扑去，赖野急忙躲到墙角，嘴里大叫：“来人！来人！”门外冲进来几个伪军，将刘恭打倒在地，拖进了受刑室。

惨遭毒打后的刘恭被几个日军连拉带拖地丢进了一个破地窖里，地狱般的生活开始了：这里不见阳光，没有新鲜空气，没有伸展空间，地上湿漉漉的，伤口撕裂着，鲜血一次次流出来。但刘恭没有屈服，一次次从昏迷中被拖出去审讯，又一次次昏迷着被丢进地窖。他内心只有一个念头：“只要活着，就要跟敌人战斗。”

▼ 踢破日军美女计　亲人来劝讲大义

一天，刘恭被日军拖出去后没有走向审讯室，而是被带到了一个干净的房间内。屋内陈设得井井有条，炕中央摆着一桌丰盛的酒宴。两个日军退出去后，刘恭正在纳闷，只听身后的门“吱呀”一声，一个穿着花里胡哨的女人，手里拎着一个酒壶，扭着腰走了进来。那个女人走近刘恭，一边亲昵地叫着“大哥”一边往刘恭身上靠。刘恭往旁边一躲，大声呵斥道：“给我滚远点！”女人先是吃了一惊，接着皮笑肉不笑地又上前两步说：“大哥，别发火呀。来，我敬大哥一杯。”说着又靠过来，刘恭一躲，女人便歪倒在炕沿上。没等女人站起来，刘恭一把掀翻了酒桌，开始大声斥骂，门外的日军听到声音冲了进来，把满身油腻的女人带了出去，刘恭再次被带回了地窖。

过了没几天，日军又找来了刘恭的舅舅和伪村长，让他们劝刘恭投降。刘恭向舅舅讲了抗战的道理，又向伪村长宣传党的方针、政策，使二人反受了不同程度的教育。刘恭的骨头这么硬，软硬不吃，使得赖野的计划一次次落空，赖野终于兽性大发。1941 年 3 月 5 日清晨，满身是伤的刘恭戴着手铐脚镣被日军从地窖里带出，近两个月的折磨使这个年轻强壮的汉子只剩下一身瘦骨。他被带到了一块空地……

年仅 30 岁的刘恭牺牲了，但他的光荣事迹很快传遍了平西。刘恭成为了宛平人民心中的一块抗日丰碑。

【知识链接】

1941 年 11 月，中共昌（平）宛（平）县委在扩大干部会上，对刘恭等烈士做出高度评价：“一年间战绩的获得与党在群众中威信的提高，这是我党坚强的党员，模范的干部以血肉和头颅换来的。……他们都是我党优秀的干部，充分显示着他们个人的党性的坚强与党员的气节。同时，也显示着整个党、军队的坚定性与光明磊落的伟大精神。”

1938年春

赵起

拔据点扬威平北　强突围血洒妫川

熊根琪

【人物小传】

赵起（1898—1941年），延庆大庄科里长沟村人。1938年加入抗日游击队，曾任班长、排长、游击队中队长，率队多次捣毁日伪军据点。1939年5月加入中国共产党。1941年7月8日在八宝山村突围时不幸中弹牺牲。

▼ 砸“局子”投革命

1936年，日军侵占长城沿线后，在延庆大庄科设立分所（老百姓称为“局子”），驻有20多个伪警察。这些伪警察欺压百姓，侮辱妇女，作恶多端。当地老百姓是敢怒不敢言。

赵起与村里的穷弟兄们商量，团结起来一起反抗。他们分头联络各村的青壮年，并凑钱买了武器，组织了一支40多人的民兵队伍，一举砸了大庄科的“局子”，消灭19名伪警察，为民除害。

1938年春，八路军第四纵队挺进冀东，途经延庆时，留下一个连队在东南山区活动，播下了抗日的火种。这年秋天，赵起做完长工后回到家中，得知有一支游击队在这一带活动的消息后，连夜找到游击队，见到政委刘国梁，恳求加入游击队。由于表现出色，赵起很快就担任了游击队二班班长。

1939年11月，冀热察区党委和挺进军委员会组建平北游击大队，赵起任二中队副队长。在群众的协助下，他带领二中队，很快就消灭了定陵、景陵地区为害老百姓的100多名土匪。

完成任务后，赵起回到家中，白发苍苍的老母亲看儿子40多岁了还是单身，心痛地说：“起儿，你也该寻个妻啦，给自己留个后。”

赵起回答：“娘，等赶走日本鬼子再说吧。”他这么一说，晓得革命道理的母亲也就不说什么了。

▼ 夜袭柳沟夺枪

1940年5月，为扩大平北抗日武装力量，游击大队长钟辉琨从二中队抽调赵起、韩庆德、杨自然3人负责组建三中队，赵起任队长，给了他们3支枪、4颗手榴弹。扩军工作进展得很顺利，只用一个月的时间，三中队就发展到了50多人。但人多枪少，武器严重不足。赵起和韩庆德一商量，决定夜袭柳沟夺枪。

当时柳沟周围筑有城墙，驻扎着50多名伪军。一天深夜，赵起带领三中队摸到城墙下。韩庆德脱掉衣服，顺着城墙的阴沟往里爬，钻了进去，来到西城门据点。此时，据点里的伪军正在喝酒划拳。“不许动！举起手来！”韩庆德大喊一声，吓得几个伪军乖乖举手投降，打开了西城门，等候在外的赵起率游击队迅速冲了进来。

当游击队来到北城门时，赵起一喊话，有一名伪军听出来了，连忙说：“大哥，别打，我们投降。”说完急忙将枪从炮楼上扔了下来。这时，南城门伪军在伪军头目的命令下朝东北方向乱打枪。于是，赵起又率领游击队冲到南门，展开激战，击毙了伪军头目。

夜袭柳沟村缴获50余支枪，三中队每人手中都有了武器。

▼ 一夜连捣九巢

1941年初，日伪军集中主力对大海坨中心区进行连续“扫荡”，在前孤山、一道河、东山庙等地先后建立据点，形成包抄态势。为粉碎敌人的进攻计划，平北游击队决定拔除海坨山周边日伪据点。

北风凛冽的一个晚上，赵起率领三中队向前孤山开进，悄悄逼近据点。“什么人？”伪军岗哨发现了动静。

“自己人，大惊小怪干什么！”赵起从容回答。放哨的伪军还想说什么，立马就被韩庆德一枪干掉了。听到枪声，据点的敌人开始向外射击。

“机枪掩护，手榴弹打！”赵起一声令下，数十颗手榴弹投了过去。顿时，伪军的机枪成了哑巴，据点变成火海。五六名伪军仓皇逃窜，立即被击毙，其余的伪军乖乖缴械投降。

接着，赵起又率队奔赴长杆岭的日伪据点。这个据点周围修有一丈多高的围墙，伪军以为工事坚固，万无一失，早早就撤哨了。夜深人静，赵起命令其他人掩护，侦察班随他摸进碉堡。据点的30多个伪军，有的在搓麻将，有的横躺着吸大烟，到处乌烟瘴气。

“不准动，举起手来！”赵起大喝一声。伪军被吓得不知所措，乖乖地举起了手。这样，赵起率队不费一颗子弹就拔掉了这个据点，缴获枪支20余支。

接着，赵起布置三中队分头行动，又连续捣毁日伪军6个据点。

凌晨4点，三中队集中后，赵起又率队赶往二炮村日军据点。这时，据点岗哨上还亮着灯。赵起开始以为伪军在换岗，可等了一会儿还是不见人出来，就带着两名战士摸了进去，才发现岗哨里只有一个人坐在炉边抽烟，一问才知道是被伪军抓来看守据点的老百姓，伪军全都跑到老百姓家里找女人去了。

赵起一听就火了，马上对三中队进行部署，三人一组，分头行动，到老百姓家里搜捕伪军。到天快亮时，31名伪军全部被游击队抓获，伪军头子被处决，其余的经教育后释放回家。

天亮了，赵起率领三中队载满武器弹药，高兴地返回了海坨山根据地。平北军分区通报表彰了三中队一夜捣毁9个日伪军据点的战斗奇迹，并给队长赵起记大功一次。

▼ 英雄血洒妫川

1941年夏，日伪军集中兵力以下花园发电厂为据点，对龙（关）延（庆）怀（来）抗日根据地进行“穿梭式”的野蛮“扫荡”，使根据地遭到严重破坏。平北军分区决定让平北支队回师龙延怀根据地，消灭下花园的敌人。

7月7日，平北支队4个中队和司令部警备连共800余人开始攻打下花园发电厂。赵起率领三中队180多名队员，发起对伪警察署的攻击，经过激战，活捉了30

余名伪警察。此时，发电厂方向仍枪声不断，赵起知道是一中队还没有结束战斗，便率队前去增援，随后配合一中队消灭日伪军100多人，缴获枪支70余支。

战斗结束后，赵起就让副队长带领两个排撤回山地，他自己则带着一排前往八宝山村一带筹集粮款。夜幕降临，赵起将队员们分成8组，每组5人，分别到各村筹粮，约定一个半小时后集中，在八宝山村吃晚饭。

当大家完成任务回到八宝山村吃饭时，从沙城赶来的200多名日伪军突然将八宝山村包围。八宝山村位于半山腰，居高临下，易守难攻。赵起命令队员们在屋脊上架起两挺机关枪，击退了日伪军一次又一次的进攻。

等到天亮时，赵起爬上房顶一看，日伪军还集中在村南大场上。“坐等不行，咱们必须得突围。”于是，他吩咐队员们每人带上两颗手榴弹，隐蔽到场北墙下。“准备，扔！”赵起一声令下，80余颗手榴弹投了过去，好似惊雷响彻山谷，顿时硝烟弥漫。

在赵起等人的掩护下，大部分队员冲出了敌人的包围圈。这时，赵起爬上墙头，观看战况。不幸的是，不远处的一名伪军刚好朝这边开枪，子弹直接击中赵起的胸部，他一下就从墙上掉了下来。警卫员见状赶紧过来准备背他。

“别背我，你快走！我掩护！”赵起一把推开警卫员，把手枪和皮包交给他，并要过两颗手榴弹，严肃地说，“快走，这是命令！”

这时，敌人已经逼近，警卫员只好含着热泪赶快撤离。当日伪军号叫着冲上去时，只听“轰轰”两声巨响，赵起拉响了手榴弹，和敌人同归于尽。

第二天日伪军撤走后，韩庆德带着一个班的人来到八宝山村，将赵起烈士血肉模糊的遗体安葬在了八宝山村西坡一棵老榆树下。

1938年4月

曹火星

谱就新曲薪火传　主席添字铸经典

陈丽红

【人物小传】

曹火星（1924—1999年），原名曹峙，河北省平山县人，中共党员。1938年在平山县农会参加革命工作。1940年进入华北联大学习音乐专业，为表达抗战到底、不怕牺牲的决心把自己的名字曹峙改为“曹火星”。1943年，他创作了代表作《没有共产党就没有新中国》，成为中国革命音乐的不朽之作。新中国成立后，曾任天津市文化局局长、全国文联委员、全国音协常务理事。

1943年10月的一天，北平西部房山霞云岭堂上村来了一支4人小分队。原来，这是晋察冀边区群众剧社19岁的曹火星和赵艺平、赵克、张学明3位队友，他们长途跋涉来到这山窝窝里干啥呢？

▼ 参加剧社　宣传抗日

19岁的曹火星，是河北省平山县西岗南村人。别看年纪不大，参加革命的时间可不短。虽然生在农民家庭，但因父亲和大哥都受过中等以上教育，村小学的老师又是一名共产党员，曹火星自小就接受了一定程度的进步思想熏陶。

1937年全国抗战开始后不久，八路军就在平山县同地下党县委接上了头，建立了人民政权和各种抗日群众团体。那时，13岁的曹火星刚考入保定中学，日寇的铁蹄就踏到了平汉铁路沿线，他辍学回乡参加了革命群众组织，担任本村的青年救国会主任。

1938年春节后，曹火星到平山县农会工作，同年四五月间被调到平山县青年救国会的宣传队铁血剧社，这个宣传队就是后来晋察冀边区群众剧社的前身。那时，剧社通过演出宣传党的抗日政策，动员群众有粮出粮，有钱出钱，有人出人，支援抗战。因为队里没有女演员，十几岁的他就扮演女主角，表演逼真动人，深受群众喜爱和欢迎。曹火星随着剧社的足迹走过一条条山沟，抗日救亡的歌声唱遍了一个又一个村庄。

曹火星（右一）与战友合影

▼ 深入群众　举办演出

曹火星原名曹峙。1938年底，铁血剧社兴起了一股改名热。几个队友嫌自己的名字与惨烈的抗日战争不协调，都改了名，像王血波、张血新、段血夫等。在他们影响下，曹峙也对自己的名字不满意。可是改个什么好呢？他想，既然这么多人都带“血”字，我就带个“火”字吧，就叫火星，星星之火可以燎原嘛。于是，他就改名叫曹火星了。

平山县是晋察冀边区的模范县，华北联合大学就设在这里。随着剧社影响的扩大，党组织送剧社队员们去华北联大文艺学院学习。曹火星十分珍惜这来之不易的学习机会，如饥似渴地从聂耳、冼星海等前辈作曲家的作品中，从中国大量的优秀革命歌曲中汲取养料，向有经验的作曲家虚心学习。

在联大文艺部结业之后，曹火星抱着为抗战而创作、为人民而创作的决心，走上抗战文艺演出的岗位，边实践边创作。他和战友们经常住在老乡家里，吃“派饭”。1943 年，19 岁的曹火星已是晋察冀边区抗日救国联合会群众剧社的音乐组组长了。为了反“扫荡”，群众剧社化整为零，深入到群众中开展文艺活动，宣传党的抗日主张。

这样，就有了曹火星和队友的堂上村之行。

【史实考辨】

歌名中“新”字何时出现

关于《没有共产党就没有新中国》歌曲题目中的“新”字是何时、因何加上去的，有很多种解释。

一说依据逄先知在《毛泽东和他的秘书田家英》中所记，1950 年的一天，毛泽东听到女儿李讷唱这首歌时给予纠正。

一说源于《叶子龙回忆录》中的如下记述：1950 年的一天下午，毛泽东在中南海的院子里散步时听到叶子龙的女儿叶燕在唱这首歌，毛泽东询问有关情况后建议加个“新”字。叶燕 1994 年在《北京晚报》发表的文章《毛主席给加的“新”字》中也详细叙述了这一经过。

还有一种说法认为，爱国民主人士章乃器是这一变更的推动者，1949 年初，他听到同行的人们唱起这首歌曲，当即提议增加一个“新”字，认为这样表述才能确切地反映出中国共产党的历史功绩。

而另有一说，曹火星在文章《〈没有共产党就没有新中国〉创作琐忆》中说：“当时没有新中国的‘新’字，是针对蒋介石《中国之命运》中‘没有国民党就没有中国’的狂言而写的。1949 年，平津解放前夕，中宣部指出曲名不妥时，才加上‘新’的。”

▼ 创作新歌　群众传唱

《没有共产党就没有新中国》词曲创作地

该文中沿用的是《没有共产党就没有新中国》纪念馆官方宣传采用的说法，即逄先知所记1950年毛泽东听到女儿李讷唱歌时给予纠正。

堂上村四面环山，村西头的山脚下有个中堂庙，坐北朝南，当时是村里的小学校。曹火星和队友到了村里后就宿营在庙的东屋，平日一边书写抗日标语，组织村里的文艺宣传队唱歌、排戏，一边搞创作。

山中深秋的夜晚凉意很浓，曹火星披衣坐在土炕上，在马灯下思考着词曲创作，脑海中突然跳出前几天读过的延安《解放日报》上的一篇社论文章——《没有共产党就没有中国》。这是针对蒋介石发表的《中国之命运》鼓吹“没有国民党，那就是没有了中国”

的荒谬论调而作的。

想到这些，曹火星不禁心潮澎湃。他凝眸思考了一会儿，便在纸上写下了一句话："没有共产党就没有中国。"新歌的题目诞生了！这也是这首歌曲的主题。创作的激情鼓荡着他，刚才思绪中的一幅幅画面化作歌词在他的笔端倾泻而出……

趁热打铁，马上谱曲！

接连几天，曹火星一有空就坐在东屋的炕沿上，一边哼唱一边写写画画，经过几天几夜的创作和反复修改，《没有共产党就没有中国》诞生了。由于歌词简单，节奏简练，朗朗上口，很快大家就学会了，而且在堂上村附近流传开来，并唱遍了整个根据地。

▼ 主席添字　成就经典

随着时间的流逝，这首歌的歌词曾多次变化。1943 年歌词中的"坚持抗战六年多"，到了 1944 年，群众自动改成了"坚持抗战七年多"；到 1945 年，又改成"坚持抗战八年多"。后来，随着解放大军南下的步伐，这首歌又传遍了全中国。

新中国成立后的一天，毛泽东在中南海听到女儿李讷唱"没有共产党就没有中国"，就提出来这个话不科学、不准确。因为中国已经有几千年的历史了，是先有中国，后来才有共产党。所以，应该在"中国"前面加一个"新"字，即"没有共产党就没有新中国"，这样才符合历史事实。一个简单的"新"字的添加，不仅符合事实，更是创造了历史。从此，就有了流传至今经久不衰的经典旋律——《没有共产党就没有新中国》。

1938年5月

伍晋南

挺进军中急先锋　纵横燕赵传奇多

乔　克

【人物小传】

伍晋南（1909—1999年），广东兴宁人，原名伍晋兰，1928年加入中国共产党，1931年进入中央苏区，后参加长征。1938年5月任八路军第四纵队政治部主任，后历任八路军冀热察挺进军政治部主任、一二〇师暨晋西北军区第三五八旅兼三分区政治部主任等职。新中国成立后曾任广西省委副书记、陕西省第四届政协副主席。

▼ 花盆村激战　策应四纵队东进

1938 年 4 月，八路军总部根据中共中央部署，令宋时轮率领的一二〇师雁北支队和邓华率领的晋察冀军区第一支队，组成一个纵队，挺进冀东，支援准备发动的冀东大暴动。宋支队兵分两路，从山西大同一带出发，向平西挺进。5 月中旬，八路军第四纵队在平西斋堂地区正式组编，宋时轮任司令员，邓华任政委，李钟奇任参谋长，伍晋南任政治部主任。

接着第四纵队兵分两路挺进冀东。一路由司令员宋时轮、政治部主任伍晋南率领第十二支队过居庸关，经昌平、延庆、怀柔、密云，向冀东开进。另一路由政委邓华、参谋长李钟奇率领第十一支队经康庄、延庆，连破永宁、四海等日伪军据点，进入怀柔、兴隆，也向冀东前进。

途中，由伍晋南率领的第三十六大队及骑兵大队、独立营留在平北开辟根据地，以策应开赴冀东的第四纵队后方安全，控制平西与冀东的交通联系。伍晋南率领部队从青龙桥附近过平绥路，经永宁、千家店。在千家店，部队攻占了伪满公所。

花盆村遗址

6 月初夏的夜晚，平北的黑水河在花盆村绕村而过，山林间散落着破败的乡村。部队经过数日休整后东进至花盆村。这时前方报告，热河伪满军三十五团一个营，400 多人也进至花盆村。这股敌人原驻四海，从汤河口过来拦截八路军，此时正在夜幕掩护下，悄悄向孤山行进。伍晋南当机立断，歼灭这股敌人。

山林间突然响起了密集的枪炮声，一阵冲锋号吹了起来，“冲啊！敌人已是无援的孤军，只要坚持一下，一定能完全消灭它！”只见前方的指战员高喊着口号，

向伪满军冲去。战斗仅持续了一个多小时，伪满军见大势已去，纷纷脱去军上衣，只穿白衬衣，以班为单位把枪架好，自动举行了“投降仪式”。此次花盆村战斗生俘敌人300余人。

▼ 联合滦昌怀　建抗日民主政权

第四纵队进军冀东，沿途连克冀热地区数座县城，所到之处，伪军、伪组织纷纷瓦解，冀东人民备受鼓舞，欢呼四纵的胜利进军。政治部主任伍晋南，根据第四纵队首长要求，组织部队全面教唱当时在民众中广为流传的一首歌：

“小日本，心不正，一心要把中国征，恶人有恶报，民众上征程，陕北红军到，鬼子要吹灯！

“好男儿，志气高，八路逞英豪，人手一把鬼子刀，砍得鬼子没处逃，嘿，没处逃！”

在伍晋南统一指挥下，第四纵队三十六大队、骑兵大队与挺进大队一起，以秋场、头道梁、大地为中心，开展游击活动，宣传抗日，建立政权，组织救国会、自卫军，执行策应第四纵队主力东西往返等任务。

1938年7月，滦（平）昌（平）怀（柔）联合县在怀柔头道梁村建立，且组建了滦昌怀县工委，隶属河北省委（敌后），这是怀柔地区第一个县级抗日政权。滦

昌怀联合县创建后，挺进大队、三十六大队、骑兵大队抽出4个步兵连，组成工作组，分散开辟根据地。

伍晋南和怀柔县长张书砚首先以头道梁为中心组织了区抗日救国会，工作组相继在长园、甘

涧峪、辛营、慕田峪、黄花镇等地，建立了区、村抗日政权和救国会。

驻怀柔、昌平、延庆的日伪军，对联合县政府所在地区进行了轮番“扫荡”，日伪军企图摧毁滦昌怀联合县这个刚刚诞生的民主政权。在极端困难的环境中，伍晋南指挥 3 个大队多次迎击敌人，给日伪以沉重的打击。9 月上旬，伪满军集中了 6 个团的兵力对他们进行“围剿”。在严重的形势下，伍晋南率部突破包围圈，向冀东雾灵山转移。

10 月上旬，冀东形势发生变化，伍晋南奉命带领队伍随四纵主力撤回平西，联合县机关也随部队一起突围后撤销。

▼ 创挺进剧社　宣传抗日好主张

伍晋南率部撤回平西以后，1939 年 2 月，根据中共中央指示，以八路军第四纵队为基础，在平西组成冀热察挺进军，萧克任司令员，程世才任参谋长，伍晋南任政治部主任。挺进军成立后，提出了“巩固平西、坚持冀东、开辟平北，创建冀热察抗日根据地”的“三位一体”战略任务，坚持敌后抗日游击战。挺进军像一把尖刀插在敌人的心腹部位，直接威胁着日伪在华北、热河的统治。

伍晋南在挺进军长期担任政治部主任，十分注意继承和发扬八路军政治工作的优良传统，认真抓好战时的政治工作。为配合战时对内鼓动、对外宣传的需要，挺进军政治部十分重视戏剧和民间歌曲对军队的教育作用，为此专门成立了一支优秀的文艺团体——挺进剧社。这支队伍成立于红军时代，随宋时轮支队从山西吕梁山北一路挺进冀东，有 30 多位能歌善舞、一专多能的宣传骨干。1939 年春的一天，伍晋南找到宣传队长陈靖谈话，传达一二〇师挺进冀中之前，师政治部主任甘泗淇的指示，将宣传队改编为剧社，要他带着全体人员到挺进军军部报到。队员们听到后非常高兴，接下来，剧社什么时候正式成立、定什么名，成了大家关心的热门话题。5 月 1 日，在挺进军政治部的一次会议上，伍晋南主任宣布剧社成立并最后定名为挺进剧社，他要求剧社继续发扬“人人当宣传队员”的好传统和好作风。

▼ 忆斗争岁月　军中挺进永难忘

当时战斗极为频繁，在伍晋南的领导和关怀下，挺进剧社白天行军，晚上编排节目，剧社社员组成宣传小分队，在村头，在路旁，在各种大小场所，在炮火纷飞的战斗间隙，宣传政治形势，鼓舞战斗士气。他们表演的艺术形式有歌曲、舞蹈、歌剧、活报剧、哑剧、京剧等，用文艺形式向群众宣传党的政策，激发群众的爱国主义热情和抗日的积极性，鼓励他们参军参战支援抗日前线，挺进剧社的演出成为战时很好的“精神食粮”和“思想武器”。

“挺进！挺进！左面是长城燕山。挺进！挺进！右面是渤海平原！敌人要把这块土地当作战略后方，毛主席命令我们在这里坚持抗战。”这首寄托了伍晋南和挺进剧社心声的《挺进剧社进行曲》，传遍了根据地的每一个角落，鼓舞着挺进军的战士们，随时为了保卫华北，打败日本侵略者努力。

半个世纪后，1996年冬，在“纪念长征胜利60周年组委会”向广州地区老同志、老将军赠送《长征大事典》的仪式上，从北京来的萧克将军认出了伍晋南，老将军挥着手高兴地说：“你是我们的政治部主任嘛！”

1938年秋

崔显堂

忍辱负重“伪乡长”　四十年后亮身份

宋传信

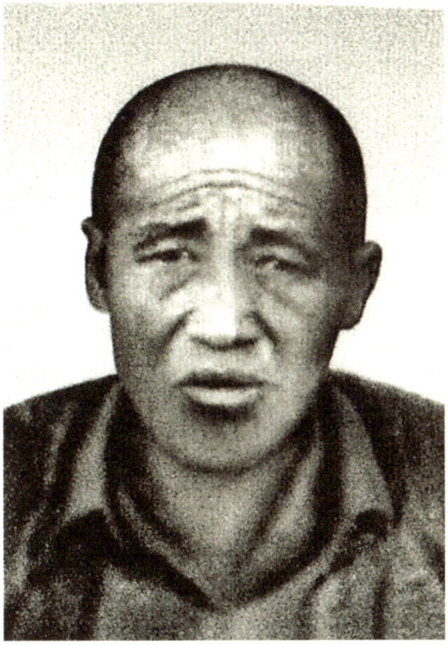

【人物小传】

崔显堂（1896—1942年），门头沟区田庄村人。1938年加入中国共产党。曾任村党支部书记、合作社主任。1942年5月受党组织指示担任“伪乡长”，从事秘密抗日工作，同年7月牺牲。1983年门头沟区人民政府追认他为革命烈士。

1983 年，门头沟区田庄村一位抗战时期的“伪乡长”被追认为革命烈士。这件事在当地引起了不小的轰动。谁能想到，在他逝去 40 多年后，家属和乡亲们才知晓其真实身份。他就是崔显堂。

▼ 古道热肠侠　仗义保家国

京西深山里的田庄村，是个古村落，村里不乏古道热肠之人，而山河破碎更激起村里人那份深沉的爱国情怀。1922 年，田庄（时属河北省宛平县七区）人崔显芳在上海读书。这期间，他加入中国共产党，成为今门头沟境内的第一位共产党员。1924 年夏，他回到田庄，将革命的火种带回宛平大地。

在秘密开展革命活动的过程中，崔显芳发现同村的崔显堂是个好苗子。崔显堂自幼拜名师习武，武功甚好，为人豪爽，爱打抱不平，常有行侠仗义之举，深受乡亲们敬重。在崔显芳引导之下，崔显堂逐渐走上革命道路。不幸的是，这位领路人被捕后受尽折磨，在 1935 年就去世了。

1937 年 7 月 7 日，震惊中外的七七事变爆发。由于事变就发生在宛平县城，消息迅速传遍了包括田庄在内的西部山区。7 月 29 日，北平陷落。9 月 18 日，中国守军宋哲元部撤出宛平，日军继续推进。一时间，亡国的危机感笼罩宛平大地。在这种混乱而复杂的情况下，田庄地区中共党组织努力与上级党组织及党领导的军队联系。不甘心做亡国奴的人们，也纷纷寻找保家卫国的出路。

1938 年秋的一天，崔显堂得知八路军的一支队伍刚刚开到妙峰山。他与崔景春（崔显芳的侄子）等人立即邀请部队的一位团长到田庄村。在崔显堂的家中，团长讲述了共产党领导的人民军队和老百姓鱼水情深的故事，说明了党的抗日方针和政策。一夜长谈，使崔显堂坚信，只要跟着党走，团结奋斗，定能打败侵略者。第二天，他就动员村里的几位年轻人参加了八路军。同年冬，经崔兆春（崔显芳之子，时任七区宣传委员兼田庄村党支部书记）介绍，崔显堂加入了中国共产党。

▼ 配合八路军　发动反“扫荡”

随着八路军第四纵队由冀东返回平西，以斋堂川为中心的平西抗日根据地得到恢复与壮大。这引起了日本侵略军的注意，他们在 1939 年进行了 3 次大的“扫荡”。为配合八路军反“扫荡”，发动更多的父老乡亲加入抗日队伍，崔显堂在田庄村附近建立了农会，经常组织会员到周边村子宣讲党的政策和抗日的道理。

在当地党组织的领导下，田庄地区群众抗日情绪高涨。村村组织儿童团，建立自卫队，站岗放哨查路条，征粮做鞋抬担架，破路割线埋地雷，样样走在前列。1940 年秋，日伪军对平西抗日根据地实施更大规模的“扫荡”，频繁地在田庄地区烧杀抢掠。大敌当前，崔显堂更加忘我地工作，不仅组织当地武装配合主力部队作战，而且发动群众支援前线。在家中，他和妻子还精心照顾一位八路军排长养伤。

在日伪军的疯狂“扫荡”和封锁之下，平西抗日根据地经济处于严重困难的境地。1941 年，田庄地区党组织决定成立合作社，既能经营日用品以方便群众，也能为党的活动提供便利。崔显堂被委任为合作社主任。在日伪军经常出没的田庄，要办好公开营业的合作社，其中的艰难和危险可想而知。

1942 年 5 月 16 日，日军在田庄村（田庄乡政府驻地）设据点。在敌强我弱的严峻形势下，办了将近一年的合作社被迫停办。按党组织的要求，崔显堂率领大伙儿完成坚壁清野、保存财产的任务。但是，更大的挑战又摆在他的面前。七区区委书记崔兆春找到他，郑重地指示：“鉴于田庄村原党支部已在社会上公开，为安全起见，上级党组织不便再与这个支部直接联系。从今以后，整个田庄地区党的工作全部由你负责。上级有事就直接联系你。”这次见到七区区委书记崔兆春，二人还说起日军封崔显堂为田庄乡乡长的事。对于伪乡长的职务，崔显堂正苦恼呢。

▼ 利用“伪乡长” 忙碌抗战事

从内心来讲，崔显堂不愿干这个差事，给日本鬼子当乡长，连祖宗和家人都跟着声名狼藉，可一时又想不出充分的理由回绝日本人。而崔兆春要求他接受这个职务，说：“凭借伪乡长这个合法身份打入敌人内部，侦察敌情，可以更好地打击敌人，保卫我们的干部和群众。”一席话，说得崔显堂豁然开朗。相比抗日大业，被人误解、个人荣辱又算得了什么呢？干！于是，在日军驻村的第五天，崔显堂就开始以“伪乡长”的身份应付日军，而晚上则秘密开展抗日活动。

村中据点里的日本兵经常要崔显堂给找“花姑娘”。每当这时，崔显堂总是说：“村里的花姑娘都跑光了，实在找不到。”于是，日军就拿崔显堂出气，用大皮靴踢打，甚至用鞭子抽。依他的性格和武功，崔显堂恨不得杀几个日本兵。但一想到抗日大局，他只好忍气吞声，强装笑脸。在鬼子那里挨了打，他还得赶紧去给村里有姑娘的家庭通风报信，让姑娘们设法进山躲避或扮成男人模样。幸而有崔显堂周旋，村里许多姑娘因此逃过劫难。

当有八路军战士被捕或村里的老百姓被抓走时，崔显堂总是设法营救，丝毫不顾个人安危。一次，在村里养伤的八路军战士崔来忠（田庄人）独自夜闯日军田庄据点，为乡亲们报仇，不幸被捕。崔显堂冒着生命危险，亲自出面筹款，并买通日军翻译官，将崔来忠从敌人的枪口下救出。

▼ 几次被怀疑 受刑勇牺牲

在日军看来，在田庄建了炮楼，搞了并村，田庄地区八路军和游击队的活动理应大大减少。然而事实并非如此，反而在不到一个月的时间内遭到抗日队伍的多次打击，每次都好像有备而来。他们开始怀疑崔显堂。

1942 年 6 月 14 日，日军小队长突然以工作不力的理由将崔显堂扣押，并加以严刑拷打。崔显堂知道这是小鬼子在怀疑他，但他们又缺乏证据。因而，他自始至终就以“工作不好开展”“个人能力有限”来搪塞，并提出不干这个苦差事（伪乡长）了。日军小队长实在找不出破绽，也找不出更有威望的人当乡长，只好把崔显堂放了。

过了十多天，敌人再次扣押崔显堂。这次，敌人把他绑在凳子上，撬开嘴巴往肚子里灌辣椒水，等肚子鼓胀后再用棍子压，压得辣椒水从嘴里流出来。敌人拷问：“共产党八路军在哪里？”崔显堂只字不提党的秘密。敌人依然没有捞到他们想要的，无奈再次将他放回家。

乡亲们看到他被折磨得不成样子，忍不住流泪。妻子更加心疼他，哭着劝他别干那乡长了。街坊邻居也都劝他出去躲一躲。但是，都被他很坚决地拒绝了，他说这是工作，死也不能走。妻子和大伙儿实在不理解，“伪乡长”遭人误解不好干，他还非干不可，连命都不在乎了。他们哪里知道，崔显堂所说的“工作”，实则是共产党领导的抗日工作。

同年 7 月 14 日，日军第三次将崔显堂押走。这次敌人用了火烤、铁烙等酷刑，直接逼问他是不是共产党，是不是党支部书记，村里还有谁是共产党。有材料说，是叛徒出卖了崔显堂。崔显堂被折磨得死去活来，但他抱着为革命牺牲的信念，咬紧牙关，就是不说，气得小鬼子嗷嗷叫。

至 7 月 19 日，敌人毒刑用尽，也没能让崔显堂屈服，于是决定杀害他。敌人蒙上崔显堂双眼，将他押往村后一个深土坑边，然后扯掉蒙布，准备活埋。压在崔显堂心头多年的仇恨终于爆发了，他凭借武功，挣断绳子，赤手与敌殊死搏斗，然后冲出敌人的包围，向山上跑去。怎奈多天的酷刑折磨，让他力不从心。追上来的敌人从他背后下了毒手。崔显堂倒下了，他的鲜血染红了身下的大地……

1939年初

包森

智勇双全包司令　捉天皇表弟赤本

刘　岳

【人物小传】

包森（1911—1942年），原名赵宝森，又名赵寒，陕西蒲城人。1932年2月，加入中国共产党。1939年秋，任八路军冀东军分区副司令员兼十三团团长。1942年2月17日，在遵化野瓠山牺牲，时年31岁。

1991年2月的一天，盘山烈士纪念馆迎来一位白发苍苍的老人。他一进门就说："我是日本人，白草洼战斗的幸存者，特来拜谒包森。"之后，这位日本老人租了一个花圈，亲手书写了一副挽联："惊弓之鸟漏网之鱼，不死之人拜谒包森。"署名：冢月正南。

▼化整为零　潜伏山村

1940年7月28日，包森在白草洼设伏，围歼号称"常胜军"的关东军武岛骑兵队70多人。除了一名日本兵开战前跑回县城报信逃脱，一名日本兵受伤装死逃过一劫外，其他全部被消灭。冢月正南正是当年白草洼战斗中的"漏网之鱼"。

包森究竟是怎样的一位抗日英雄？冢月正南为什么几十年后来到中国祭扫他呢？

包森领导的十三团在冀东地区神出鬼没、以少胜多、以弱胜强，曾经指挥八路军活捉过日本天皇的"表弟"赤本三尼。

1939年初，日军派赤本坐镇遵化。赤本狂妄地放话：悬赏30万元，亲手捉捕包森。包森给侦察员布置任务：寻找战机，化整为零，打掉赤本的嚣张气焰。4月25日晚上，支队部的贾振远、五大队队长年焕兴、手枪班侦

【史迹寻踪】

鱼子山抗日战争纪念馆

位于平谷京都大峡谷入口处，1998年7月7日正式开馆。该馆以冀东地区抗日斗争为背景，以平谷人民及周边地区抗日斗争史实为线索，生动形象地展示了抗日军民反压迫、反侵略、求解放的斗争历程。其中介绍了包森率领十三团在冀东包括平谷地区留下的抗日足迹，如水峪战斗逼迫日军一度退出平谷县城，杨家会战斗重创日军、缴获一门山炮等内容。

察员马兰田、警卫员王志民（即夏永江）及另外3名战士共7人组成的小组，奉包森之令，到张家坟（属孟子院村的一个小自然村）执行侦察任务，当夜就隐蔽在村里。

▼ 枪顶后腰　俘虏日军

第二天上午，这几名战士一身农民打扮，在一个坝台上帮老乡脱坯。快到晌午了，就见坝台下边的一条小路上，从西边走来了3个人。前边一个人穿粗布便衣，后边不远处跟着两个穿大褂的买卖人。侦察员马兰田定睛一瞧，吓了一跳：走在前边的人，不就是和他一个班的王振西嘛，两三个月前就被捕了，怎么在这儿突然出现了？他给年焕兴、贾振远使了个眼色，大家都看见了。贾振远小声说：“注意！听我的命令。”于是，几名战士继续给老乡干活，装作啥也没看见。

王振西也认出化装成老百姓的这几名战友，经过年焕兴跟前时，用胳膊肘子（右手受伤了）碰了一下年焕兴，冲着马兰田用嘴一努，小声说：“后边是鬼子和翻译。”

很快，两个穿大褂的家伙也走到了坝台下，贾振远、年焕兴和马兰田从坝台上跳下来，拔出手枪，用枪口顶住两个人的腰眼儿，大声呵道：“不许动！”鬼子伸手刚想掏枪，就被战士们撕开大褂，收缴了撸子手枪。从前边跑回来的王振西说：“快走！鬼子大队就在后边。”

于是，战士们押着鬼子和翻译往侯家寨方向撤退。路上，贾振远从翻译嘴里得知：活捉的鬼子是日军唐山特务机关长、宪兵大佐赤本三尼，听说是天皇的“表弟”。

在侯家寨北边的长城敌楼里，面对战士们的审讯，赤本说要找包森，要和包森见面。

枪声越来越近、越来越密，必须赶紧离开这里，否则有被包围的危险。贾振远指着翻译征求大家的意见：把他放了吧！几个战士谁也没说话。贾振远便对翻译说：“你走吧！”翻译赶忙作个揖，说：“谢谢几位！”转身一溜烟跑了。

▼ 躲避追击 快速转移

拖着赤本，大家继续往北撤。过了长城，后面的枪声还在响着。傍晚，大家到了只有几户人家的马蹄峪北边的开庄柳树沟子。他们又渴又饿，就在一户老乡家吃饭。战士们给赤本盛上一碗，没承想，这家伙死活也不肯吃。

吃完饭，战士们叫赤本走。就见这家伙跪在地上，撕开大襟，露出脖子上系着的小铜佛像，嘴里不停地叨叨咕咕，像是在念佛。看到赤本又耍赖皮，一个矮个子战士就从身后拽他。不料赤本腾地站了起来，侧身就是一脚，把小个子战士踹出去好远。这下把大家气坏了，上前按住他。赤本一边嚷，一边重新跪在地上。

贾振远和年焕兴商量几句，对大家说：后边的鬼子紧追不舍，为了快速转移，只能把赤本就地处决。于是，王振西跑到老乡家，拿来一把斧子，把赤本干掉了。后来，王振西才得空儿把骗出赤本的经过讲给大家。

有汉奸告诉赤本，前不久被捕入狱的王振西，是包森警卫班的战士。于是，赤本就把王振西从监狱提了出来，要他带路找包森。王振西一琢磨，这不是一个脱身的好机会嘛！万一碰上游击队，兴许还能把鬼子活捉了呢！于是，就满口答应下来。

【史实新证】

据河北省遵化党史办公室干部考证，赤本三尼是日本天皇裕仁表弟一说，是当时被活捉的翻译官对马兰田等人讲的，后来汇报给上级。1944 年 6 月 22 日，第十八集团军参谋长叶剑英在与中外记者参观团的《中共抗战一般情况的介绍》中说："我冀东游击部队（包森支队）在遵化地区所俘的敌寇天皇表弟赤本大佐……"近期有旅日华人学者查阅日方档案，未见赤本三尼的有关记载。另一说赤本三尼本名赤本信次郎。关于赤本三尼是日本天皇裕仁表弟之说有待进一步考证。

把赤本带到十里铺后，王振西对赤本说：“太君带这么多的人，包森看见，还不跑喽的干活？再说，太君这身衣裳也不行啊。”赤本觉得此话有理，就叫人找来礼帽、大褂，他和翻译都换上了便装，让王振西带路打前站，大部队在后边二三里远跟着。赤本万万想不到，他不仅没有活捉包森，反被八路军活捉了。

砍死赤本的斧头

▼ 遭遇冷枪　英雄牺牲

三四天后，在侯家寨东面的禅林寺，大家见到了包森。贾振远惋惜地说：“可惜，赤本叫我们处死了，没能把活的带来。”包森一听，笑着说：“处死也有功嘛！”

不久，八路军总部编印的《八一》杂志，刊载了活捉赤本大佐的战绩。1941 年 2 月 9 日，《新华日报》发表记者袁勃撰写的通讯——《日本天皇表弟赤本大佐被俘记》。

此后，日伪军对包森又恨又怕，常拿他赌咒发誓：“口不应心，出门见包森。”1942 年 2 月 17 日，包森在遵化野瓠山与日伪军遭遇，突遭冷枪，胸部中弹牺牲，时年 31 岁。

1939年5月

黄浩

多种身份藏秘密　百花深处忙抗日

刘　岳

【人物小传】

黄浩（1895—1969 年），原名黄宠锡，广东揭阳县顶埠村人，北平崇慈小学校长和新街口基督教堂“长老”。1938 年春开始，筹集经费为冀中八路军购买药品，后任中共晋察冀分局社会部黄浩情报组负责人。新中国成立后曾任北京市房管局副局长等职。1969 年 12 月 23 日被迫害致死，时年 74 岁。

▼ 教堂长老真身份　秘密接头为军需

1939 年 5 月的一个清晨，有人敲响了新街口丁字街顶头的基督教长老会福音堂的大门。看门人一听这人满嘴的河北乡下口音，就猜个八九不离十，一准儿乡下“教友”有难了，来找乐善好施的黄长老帮忙。他赶忙打开门，将中年汉子让进教堂，说道：“黄长老过一会儿才来，您先进来等等吧。”

过了好一会儿，才见一位戴着眼镜、西装革履、四十几岁的中年绅士走进了教堂大门。看门人赶忙招呼：“黄长老，又有乡下‘教友’来找您了。”

黄长老缓步走进会客室，中年汉子笑嘻嘻地迎上来。黄长老一看认识，赶紧说：“这不是杨‘教友’吗，今日来有什么事呀？”老杨答道：“俺们那儿的教友赶上春荒，想请长老布施救济一下。”黄长老闻听此言，缓缓地说：“那就到我办公室说吧。”

两个人一前一后进了办公室。黄长老关好门，压低声音问道：“老杨，你这次进城带来了什么任务？”

原来，老杨根本不是什么“教友”，而是一名秘密地下交通员。只见他把袖口拆开几针，撕开一个小缝，从里面取出一个折好的细长纸条，递给黄长老，低沉地说：“黄长老，这是一个密写的药单子，张珍部长让你抓紧采购，尽快运往‘家里’。”

黄长老接过密写的药单子，很淡定却又很坚毅地说：“好！我一定按期把药品送到‘家里’。”

黄长老名“宠锡”，单字一个“浩”。他不但是新街口福音堂的长老，还是米市大街中华基督教会青年会董事、董事长，崇慈小学校长和崇实小学、崇慈女中、崇实男中董事。而他的另一个身份却是八路军冀中军区“平津特派人员主任”，是一名党领导下的北平地下抗日情报人员。

▼ 全家上阵分工忙　协和主任斗日寇

比照药单子内容，黄浩夫妇俩屈指一算，除了香港、上海过几天秘密发来的一批药品外，还缺一部分药品，

必须立刻筹措经费，启动情报组成员，马上购买，刻不容缓。

黄浩把购药单藏在自行车的车把套内，叫来女儿黄曙鸣，让她骑车送信儿。别看黄曙鸣（又名黄鹂）只有十几岁，但她在爸爸、妈妈的培养下，已经成为情报组的小骨干，秘密工作经验很丰富。她骑上自行车，出簸箩仓胡同不远，回头观察，发现有个人似乎在跟踪自己。于是，她把车骑得越来越快，在小胡同里七拐八拐，很快就把这个人给甩掉了，顺利地完成了送信的任务。

接到任务，情报组成员立刻行动起来。王佩芝、吴又居（黄浩的秘书）到北平汇丰银行，将黄浩从广东潮汕、香港等地的同乡、亲友处筹集来的巨额经费，以进货的名义，取出一些作为买药的资金。

情报组成员李庆丰是协和医院宗教交际部主任，他利用工作上的便利，以搞赈灾、为教会医院生产为名，

【史迹寻踪】

百花深处

位于西城区北部，东西走向，东起护国寺东巷，西止新街口南大街，全长147米，宽约3米。清代称百花深处胡同，属正黄旗辖界。现属西城区什刹海街道办事处辖界。

利用医院的设备，在医院A楼（礼堂）组织爱国职工做消毒急救包（主要有刀子、纱布、小药品等）、裁剪绷带。他还把原材料拿回家里，全家总动员，老岳母、夫人于淑敏和子女李寿康、李寿英都动手制作消毒急救包。因为协和医院是美国人开设的，日本人也奈何不得。在日本人占领下的北平，如此大规模地为八路军秘密生产急救包，堪称一绝。

黄浩与王佩芝晚年合影

▼ 巧用商道运货品　夜半时分紧打包

情报组成员刘仁术是平津硝皮厂老板、一个大富商，还是日本人办的北平制革统一联合会的要员。凭着这些身份，他和夫人费路路通过“发国难财”的汉奸，从王府井大街“陆军御用达”药店，买到了所缺的西药。

两天后，香港、上海的药到了。黄浩来到新街口丁字街南边的邮局“提货”，随后王佩芝“取货”回家。一会儿，两辆人力车停在簸箩仓胡同6号门前。因为工厂常进料，也经常通过新街口邮局往天津、上海、北戴河及新加坡等地发货，街坊四邻对这场景都习以为常了。看到王佩芝又“进货”了，邻居夸奖

道："黄太太，您好能干呀！进料、寄货都自己动手！"她一口潮州腔微笑着说："过奖了！过奖了！大家一起发财。"

王佩芝坦然地踩了两下自家人力车的车铃，女工姚文清（情报组成员）闻声跑出来，和她一起将车斗里的3个包裹搬进院子。工厂的女孩子们围上来问："老太太，是不是又寄来新样品了？"她们哪里知道，这批"货"就是给白求恩大夫购买的药品。

夜深人静时分，女工们都睡了，黄浩夫妇带领姚文清、女儿黄曙鸣在四合院后院，将药品、器材分类包装。为避免受潮，王佩芝先用蜡纸把粉剂和片剂（奎宁粉、磺胺消炎粉等）包好，再用黄色土油布包严。最后，用布包裹好，分别打包或装入柳条箱。

药准备好了，怎么运出日本人戒备森严的北平城呢？

▼ 古玩铺里定神策　转运获赞白求恩

新街口南大街路东有一条小胡同，名字很有诗情画意，唤作"百花深处"。1939年初，百花深处西口新开了一家古玩铺，铺号"明华斋"。这家铺子上下两层、古色古香，在一片低矮的平房中，有点鹤立鸡群的味道。新街口一带的老街坊都知道，这家古玩铺的东家就是乐善好施、大名鼎鼎的黄长老。

这一天，明华斋刚开门一会儿，就见一个身着长衫的人进了铺子。大高个儿掌柜叶绍青赶忙热情地打招呼："苏老板，有日子没见了，您一向可好？"到了楼上，两位老板买卖人的表情一下子就无影无踪了。秘密交通员老苏对黄浩情报组成员叶绍青交代如何通过秘密交通线，把这批药品和器材运到根据地。

过了一天，西直门城门。下午4点多钟，太阳已经挂在西山边上了，这时就见一辆法国雪铁龙小轿车开来了。不论日本人还是伪警察都知道，这是东交民巷法国医院院长贝熙业（Bussière）大夫的车。没说的，放行。

贝熙业1912年来到中国，先后任法国驻华公使馆医师、东交民巷法国医院院长、北堂（西什库教堂）医院院长、燕京大学校医、震旦大学医学院院长、中法大学董事会董事等职务。为了让有病的女儿康复身体、呼吸新鲜空气，他在北安河村西阳台山东麓建了处花园别墅，当地老乡称之为"贝家花园"。贝大夫在中国行医多年，既给北洋大总统袁世凯看过病，也给北安河附近的百姓看病，威望很高，村民送他一块"济世之医"匾额。

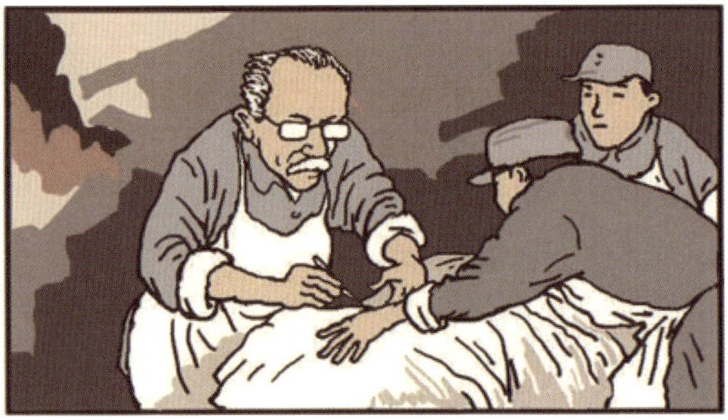

日军占据北平后，贝熙业大夫十分同情、支持中国的抗日战争。由于教会的关系，黄浩和他建立了非常密切的关系。不久，贝熙业成了黄浩情报组的一名交通员，贝家花园也成了一处秘密联络点。

贝熙业大夫是法国在北平的名人、名医，他从王府井大甜水井甲16号（老门牌）家到西山贝家花园，再正常不过了。利用这些有利条件，贝熙业大夫经常为黄浩情报组秘密运送电台、药品等。这天车里装的就是为白求恩大夫买的药品。

除了贝熙业大夫，保定公理会教堂美籍牧师胡本德也是黄浩的好朋友，也同情、支持中国的抗日斗争。协和医院宗教交际部主任李庆丰组织爱国职工制作的消毒急救包，先以教会的名义，从北平运到保定公理会教堂，然后再秘密转至冀中军区。

几天之后，这些连上海、香港都比较少见的德国拜尔生产的贵重药品和医疗器材摆在了战地医院的药架上，白求恩大夫跷起大拇指，连声称赞：“真了不起！真了不起！”

1939年夏

马福

抗日风云焦庄户　村长率众修地道

宋传信

【人物小传】

马福（1895—1979年），人称“老统一”，顺义焦庄户村人，1895年生。早年闯过关东。1939年入党，是村里的第一位共产党员。1942年任村党支部书记。1943年被选为村长。1979年去世。

1943年冬，焦庄户村外的马家坟地，又多了一个坟头，但这是个假坟。几天后，日伪军进村，说是要缉拿一个叫马福的人。乡亲们说：马福最近暴病死了，不信到他坟上去看。敌人半信半疑，气急败坏之下，把马福的母亲打了一顿，扬长而去，临走时放言：捉到马福上秤称，有一斤分量给一斤钞票。这个造假坟、鬼子恨的马福就是本文的主人公——焦庄户抗日老村长。

▼ 日伪入侵建炮楼　残杀百姓民愤大

焦庄户位于顺义东北部，原为800多口人的村庄，村后是燕山余脉歪坨山，村前是潮白河支流金鸡河。村里人过着日出而作、日落而息的平静生活。然而，这份平静被卢沟桥事变后的枪炮声打破了。

1938年冬，日伪军入侵焦庄户。这一年，日军在顺义制造了“冯家营惨案”和“焦各庄惨案”，残杀老百姓70人以上。焦庄户处于冀东与平北的连接点上，战略地位十分重要。对此，无论是八路军，还是日伪军，都很关注。日本鬼子为了加强对这一带的控制，严防八路军及其游击队的活动，就在村外二里地的龙湾屯建了炮楼，设立据点。

当年15岁就参加村里民兵队的焦俊芳，在2005年曾回忆说：“他们五天一‘清乡’，十天一‘扫荡’，实行‘烧光、抢光、杀光’的‘三光’政策，闹得‘无村不戴孝，遍地是哭声’。村里的一部分人不堪忍受鬼子的祸害，走的走，逃的逃，只剩下不足200人，青壮男人也就五六十人。”

▼ 抗日武装起风云　组建民兵打鬼子

1938年夏，冀东抗日大暴动的浪潮波及焦庄户一带，群众性的抗日武装闻风而起。1939年夏，八路军邓（华）宋（时轮）纵队第三支队成员来到焦庄户，宣传抗日救国的思想，组织青救会、妇救会、民兵自卫队、儿童团等。这个时候，40岁出头的村民马福秘密入党，成为村里的第一名共产党员。

马福在焦庄户也算是阅历丰富的人。他是个苦出身，闯过关东，耳闻了很多关于日本人在关内外烧杀抢掠的事，也目睹过国民党兵见了鬼子望风而逃的情形。共产党领导的八路军来了，马福逐渐明白了，只有团结抗日才是唯一的出路。于是，他主动提出入党的请求。

随着冀东抗日根据地的建立和发展，焦庄户成为解放区的“老四区”。马福按照区委指示，卓有成效地工作着：发动群众，夺取武器，成立民兵队伍，消灭伪村政。1942 年 4 月，村党支部秘密建立，马福任支部书记。1943 年 4 月，公开村政权（同时宣布废除伪村政），马福被选为村长，化名“老统一”，成为全村对敌斗争的带头人。

▼ 白薯窖里设暗道　敌人偷袭急转移

在村长马福的带领下，焦庄户民兵经常到敌占区袭扰、破坏，闹得敌人日夜不宁，有力配合了八路军的作战。

1943 年秋，马福、马文藻等带人蹲守，利用地雷炸翻日军的一辆汽车，缴获电台 1 部，子弹 500 多发。冬天，又冒着大雪，连夜割敌人电话线 10 多公里，砍电线杆 40 多根。敌人视马福为眼中钉、肉中刺，高价悬赏缉拿。马福也想跑到歪坨山躲一躲，但村里的抗日工作实在离不开。无奈之下，他就演出了一场假死的闹剧，出现了本文开头的那一幕。

和中国北方许多农村一样，焦庄户也把白薯（地瓜）当成重要的农作物，为了储存白薯，家家都有地窖。有一次，敌人来了，马福来不及向村外撤，就机警地跳进白薯窖，顺手将两捆山柴堵在了窖口，人下去了，但心里特别不踏实。因为一旦被敌人发现，结果只能是束手就擒。事后一想，还挺后怕。

这次偶然的逃生经历，使他想起早年在关外打工时的一件往事：东家在住屋的后墙挖了条暗道，房后不远是条沟，顺沟就到山脚下。当时，心细的马福明白，这是东家用来防身的。而今，这件事启发他：把各家的白薯窖连接成暗道，最终实现地下出村。

马福找来村里的抗日骨干合计，大家都觉得挖地道的办法好，毕竟老“跑反”不是长久之计。况且，冬天也没啥农活儿。于是，他们一边找人设计方案，一边做发动群众的工作。不久，一场开挖地道的人民战争打响了。

但是，既要防止挖地道的消息走漏，又要防止敌人的偷袭，还要解决土方的运输放置，加上挖洞本身是重体力劳动，这些问题的解决并非易事。党支部发挥战斗堡垒精神，焦庄户人不怕牺牲、艰苦奋斗、严守秘密，经过一个冬天的奋战，完成了预想的地道工程。

▼ 学习冀中地道战　攻克炮楼抓俘虏

1944 年 4 月，日伪军又来“扫荡”，民兵利用地道打得敌人大败而逃。不久，叛徒带着敌人进村。全村人闻讯下了地道，从村外的出口冲出包围圈，让敌人扑了个空。这时，马福也发现了问题：敌人找到洞口，点着柴火往里扔，用烟熏，还往地道里灌水。恰好，三（河）通（县）顺（义）联合县武装部部长杨崇德带人推广冀中地道战的经验，县教育科长徐进到焦庄户蹲点指导。

马福知道他是个文化人，点子多，就请他给出主意。徐进根据保定冉庄（后来拍摄电影《地道战》的地方）的经验，借助汉字“凹”字，讲解了地道设计以及利用翻板防水、防烟、防毒气的原理。在徐进的指导下，全村老小齐上阵，开始了改造地道的工程。另外，按区委要求，南边的唐洞村、北边的大北坞村也都挖地道。由此建成了连接三村的地下长城。经过多次改造的地道，不仅能藏、能走，还能防、能打。有了“四能地道”，焦庄户的抗日形势扭转了。

1944 年 5 月，上级决定端掉龙湾屯的日伪炮楼。马福利用内线消息，决定里应外合。为攻打炮楼，他和焦俊芳率领民兵把地道挖到了离炮楼四五百米远的地方。

打下这个炮楼后，俘虏伪军（原来的日军都已被抽调到前线）40多人，缴获大枪37支，还有很多军用物资。

由此，焦庄户一带的生产、生活环境明显好转。

焦庄户成了冀东抗日根据地安全可靠的堡垒。于是，冀热辽十四军分区卫生处第二所搬到了这里，附近的伤病员也到这里来疗养，村里经常住着几十个伤员。一有敌情，大伙就把伤员抬进地道。

马福就像一把火，照亮着焦庄户人民革命斗争的道路。而千千万万个像马福这样的党员，凝聚着敌后人民坚持抗日的力量，使中国共产党在抗战中发挥着中流砥柱的作用。

【史迹寻踪】

北京焦庄户地道战遗址纪念馆

为缅怀革命先烈的英雄业绩，1964年秋焦庄户村建立了“焦庄户民兵斗争史陈列室”，1979年更名为“北京焦庄户地道战遗址纪念馆”，2005年纪念馆扩建，是北京市7家入选“全国百家红色旅游经典景区”中的一家。

至今保留的指挥所、掩体、陷阱、暗堡等战斗设施，水缸、炕洞、锅台、猪圈、驴槽、碾盘等隐蔽的出入口，显示着战争中人民群众的智慧。

1939年夏

李铮

同仁堂秘密抗日　少奶奶勇敢机智

刘　岳

【人物小传】

李铮（1908—1981年），又名李竹浓，北京人，同仁堂十三世乐元可的夫人，中共晋察冀分局社会部平津情报组成员。她与丈夫乐元可一起，在抗日战争和解放战争时期，积极投身平津情报站的地下工作，为地下组织保管、兑换经费，被誉为地下情报组织的“金库主任”。

说起同仁堂，300多年的历史，响当当的京城老字号，名闻天下。但是，以同仁堂少奶奶李铮为代表的同仁堂的那段红色历史，知道的人恐怕就不多了。

▼ 乐家外甥有来历　行踪举止有心计

同仁堂老乐家是当年北平有名的大宅门，前门西打磨厂乐家老宅（今东城区西打磨厂街46号）经过多年的扩建，虽然不太规整，但院子套院子、一进挨一进，是个典型的大宅门。

1939年夏天的一天，西打磨厂老乐家来了位不速之客。来人1.73米左右，瘦高挑儿，斯斯文文，一派书生形象。这人可不是外人，是老乐家的外甥——杨宁（原名杨德修）。大宅门里的人对杨宁的到来很欢迎，正如俗话所说“姑舅亲辈辈亲，砸断了骨头连着筋”，毕竟是至亲嘛。就这样，杨宁就在乐家老宅乐朴荪家的西楼上住了下来。

过了一段时间，大家发现杨宁孤身一人，也没找什么工作，平常不是上戏园子听刘宝全的大鼓——《大西厢》，就是读书看报，似乎很清闲。这在家大业大的老乐家不算啥，乐家不少爷们也是这么打发日子的。

不过，大宅门里的女眷对杨宁的婚事格外上心。她们琢磨：外甥毕竟是老乐家的外甥，又是北平师范大学历史系毕业的高才生，也老大不小的了，该给他张罗一门子婚事了。于是，女眷们热心地给他说媒，姑娘的条件个顶个的好。出乎她们预料的是，杨宁一个都没看上。有一次被逼急了，他甚至说：“我现在若是结婚，对不起我将来的太太。”大家一听这话，云里雾里，一点都整不明白，只是觉得这个外甥有点“怪”。此后，也就没人敢给他说媒了。

▼ 夫妇投身党工作　老宅续写新传奇

杨宁的“怪”是有原因的。在北平读大学的时候，杨宁积极参加“一二·九”

抗日救亡运动。全民族抗战爆发后，他辗转来到延安，1938年加入中国共产党，后来在枣园参加了由中央社会部举办的情报人员培训班。

1939年3月，在中央社会部战区部部长许建国的率领下，杨宁等13人组成中央社会部考察组（公开名义是“八路军华北战地考察团”第六组）到华北敌后考察。途经晋西北时，他临时承担情报分析工作，初步显露出这方面的特长。6月，考察组到达晋察冀边区。考虑到杨宁在北平有较好的社会基础，中共北方分局（1945年8月改称中共晋察冀中央局）社会部派他回到北平，成为社会部陈叔亮地下情报组的成员。

杨宁不爱说话，说起话来慢条斯理的，偶尔说两句又十分幽默，引人发笑。他头脑冷静，文章写得极有文采，善于整理分析情报。他不愿意谈对象，就是怕身边多一双眼睛，不利于开展地下情报工作。

经过一段时间观察，杨宁决定让乐元可、李铮夫妇帮助自己做一些地下工作。

老乐家到了十一世的时候，老哥儿四个定了条家规：凡是族人开设药店不能用“同仁堂”字号，但各支可以另开新店，可以用“乐家老号”牌匾。这样，

【知识链接】

同仁堂的历史

乐氏家族一世祖乐良才，明朝永乐初年由宁波来到北京，走街串巷、行医卖药，是个铃医。直到四世祖乐显扬当上清太医院吏目，康熙八年（1669年）创办同仁堂药室，乐家才结束了铃医生涯。五世祖乐凤鸣恪守父训，接续祖业，康熙四十年（1701年）在大栅栏路南开设同仁堂药铺。历代同仁堂人始终恪守“炮制虽繁必不敢省人工，品味虽贵必不敢减物力”的古训，而今其产品行销40多个国家和地区。

老乐家十二世的乐咏西开设了永仁堂。杨宁的妈妈是乐咏西的姐姐，乐元可（原名乐崇勋，又名乐繇）是乐咏西的儿子，这样一排辈分，乐元可就是杨宁的表哥。当时永仁堂在北京、包头、烟台各有一家，由乐元可经营。

乐元可年轻时喜欢阅读进步书籍，受作家巴金《家》《春》《秋》影响较大，自比为“觉新”，认为老乐家就是一个封建家庭。他爱好广泛，喜欢唱京剧中的青衣，喜欢摄影。李铮（又名李竹浓）娘家在西单地区的小胡同里，父亲在一个小军阀手下当职员，一家子生活很贫苦，属于城市贫民阶层。后来经这个小军阀介绍，她嫁进了乐家大宅门。由于娘家困难，李铮的弟弟李立就寄住在乐家，在志成中学（今北京35中）上学，另一个弟弟则在同仁堂的药房当学徒。这是一对很有正义感、有着朴素爱国之心的夫妇。

乐元可、李铮一家合影

在杨宁的影响下，乐元可、李铮夫妇从同情抗日到最后投身抗日地下工作，为中共在北平地区的地下工作增添了靓丽的一笔。

▼ 乐家社会关系多　接送情报利掩护

大宅门老乐家社会地位高、房子多，便于掩护，杨宁就把这里当成了接头、开会的地方。每逢有人来接头或密谈时，李铮就在暗中进行掩护，里里外外地支应着。

一天晚上，杨宁等人在书房里交换情况、分析情报，商量完后，杨宁对书房外的李铮说：“表嫂，我们饿了，给我们熬碗粥喝吧！”

李铮一听，在外间应声说道：“我早知道你会有这么一出儿，粥早就熬好了。不但够吃，米汤还特多！”杨宁听罢说：“我们的事你全门儿清了！”的确，杨宁他们喝粥只是个托词，用米汤密写情报才是真的。粥端上来了，米汤也盛了一大碗。于是，杨宁开始用米汤密写情报，李铮又回到外间“站岗放哨”。

起初杨宁把秘密资料塞进脏袜子中，藏在床下保存。随着地下情报工作的深入，李铮就承担了保管资料、接头、传递情报的任务，从未出过差错。

临近年节了，一个陌生人来到大宅门乐家，给李铮送来几张天津杨柳青的年画，并对她叮嘱说：“这是杨先生托我买的年画，他很喜爱这些画，请表嫂妥为保存。”

李铮虽然不清楚这年画到底藏着什么或暗示着什么，但她知道这不是普通的年画。杨宁回来后，她把年画交给了杨宁。李铮估计得一点不错，年画的确藏着重要的情报。

日伪当局对根据地严密封锁，号称“就连鸟都飞不过去”。乐元可、李铮除了完成地下党交给的任务外，还主动为根据地采购急需的中西药品和医学书籍，并无偿赠送一些珍贵药品。

▼ 宪兵队抓十七爷　是谁私藏共产党

1942 年 5 月 1 日，中共晋察冀分局社会部平津情报组组长陈叔亮在南长街家中被捕，杨宁一时和组织失去了联系。但他开动脑筋、独立工作，把当时华北日伪公开出版的报刊摘抄剪贴后，将日伪当局“强化治安”、建立保甲制度、有色金属管制、战略物资搜刮等资料汇总分析，形成极有价值的情报。直到同年 8 月李才（张友恒，中共晋察冀分局社会部平津情报站站长）返回天津，重建平津情报联络站后，杨宁才重新与社会部联系上。

1939 年，长期从事中共地下工作的李时雨打入汪伪集团，并逐步获得了大汉奸、伪上海市市长陈公博的信任，步步高升。1942 年，他已经当上了伪上海保安司令部军法处处长，坐到了汪伪政府高级官吏的位子，接触大量机密情报。李时雨住着一栋三层花园别墅，穿着笔挺的上校黄呢军服，出入乘坐豪华汽车，很有派头。但是，正因为他官太大了、交际面太广了、应酬太多了，无法坐下来梳理、分析到手的情报，急需一个善于分析情报资料的助手。

到哪里给李时雨找一个助手呢？晋察冀分局社会部想到了杨宁。

1943 年 5 月，晋察冀分局社会部平津情报站站长李才派杨宁到上海协助李时雨整理情报。到上海后，杨宁被李时雨安排在伪军法处任少校军法官，与李时雨及他的妻子孙静云组成一个党小组。1944 年 4 月，发生孙静云被捕事件。同年秋天，杨宁调回天津，在天津新华银行任职，继续从事秘密情报工作。

1945年春，老乐家周围时常出现日本宪兵、侦缉队的影子，一股不祥的阴影笼罩着这座大宅门。担心的事情果然发生了。一天夜里，日伪“北京宪兵司令部”抓走了十七爷乐朴荪，问他是不是私藏了共产党。由于杨宁在乐朴荪家西楼住过，日本宪兵顺藤摸瓜，在天津乐佑申家的后楼逮捕了杨宁。

日本宪兵队没有掌握什么真凭实据，在老乐家的全力营救下，乐朴荪不久后出狱。而杨宁经受住了严刑拷打的考验，坚不吐实。1945年8月日本投降后，他才走出监狱大门。乐元可、李铮不顾危险，把杨宁接到家里治病养伤。

1945年11月，李才、杨宁撤往解放区张家口时，李铮委托他们将自己14岁的女儿李俐一起带到解放区。

解放战争时期，李铮还负责保管、兑换中共晋察冀中央局社会部在北平开展地下情报工作的秘密经费，被大家称为“金库主任”。

1939年7月

肖田

传奇工人机房忙　抗日物资密筹运

黄迎风

【人物小传】

肖田（1908—2010年），北京人，原名肖再田。1926年到燕京大学机器房工作。1931年加入中国共产党。参加过“一二·九”运动。1937年卢沟桥事变后，以燕京大学机器房为据点，开展抗日活动。1942年后在晋察冀中央局社会部、城工部工作，负责维修机器、电器，并负责电台的报务工作。新中国成立后，长期在北京工业战线工作。

1939 年 7 月，北平西郊的卧佛寺万木葱茏、风景如画。一条蜿蜒的深沟，流水潺潺，几位游客匆匆埋头赶路。原来，他们是燕京大学赴边区考察组一行，刚混过日本宪兵的盘查，正急着赶赴抗日根据地。考察组成员除了燕京大学英籍教授林迈可、赖朴吾，还有机器房工人肖田等人。表面上考察组是按照校方计划考察敌后合作社，实际上却是党组织有意安排，通过邀请一些外国友人参观边区，让他们实事求是地向外界宣传中国共产党坚持敌后抗战的真相。

▼ 面见总司令　手绘设备图

考察组在平西的冀热察挺进军司令部见到了萧克司令员。在晋察冀边区司令部，聂荣臻司令员向他们讲述了边区部队历次歼灭敌人的战绩，也谈到晋察冀边区物资缺乏的问题。

林迈可教授激动地向聂司令员表示，回到北平后，会想尽办法弄器材，支援边区的抗战。考察组最后到达晋东南八路军总部，受到朱德总司令的热情接待。朱总司令谈到八路军缺少各种通信器材和药品，总部搞发电，连个煤气发生炉都没有。肖田当即答道：“煤气发生炉用汽车的机器就能改，我就能改造成功。”总司令一听十分高兴，肖田在总司令递过来的笔记本上，将煤气发生炉的平面图、线路图画好交给他。总司令握着肖田的手说：“好，好！我找人弄辆汽车去改制，谢谢你，肖田同志！”

▼ 众人齐动手　组装发报机

1940 年春天，回到北平的肖田决心以机器房为据点，秘密为抗日根据地筹集物资。

沦陷时期的北平，最难弄的是电信器材，特别是收发报机，市场严禁出售。经组织研究决定，由肖田向林迈可求助。不久，林迈可告诉肖田，他从国外弄到一批电信器材零件，可以组装十来台收发报机。

在燕大未名湖（今北京大学未名湖）西南的临湖轩四合院里，正房住的是校长司徒雷登，西房就是林迈可的宿舍。为了躲避日本宪兵的搜查，组装工作就在林迈可的宿舍悄悄进行。林迈可负责线路设计，还特意找来燕大物理系英籍教授班威廉和肖田一起焊接组装。不到一个月，组装工作就初见成效。

如何与平西根据地取得联系，尽快将物资送出去成了棘手的问题。

▼ 设备藏粪车　秘密送出城

为了尽快建立交通站，肖田化装成商人，混过几道日军卡哨，进入妙峰山，与平西游击队队长张清华取得联系。很快，燕京大学交通站建立了，成员有伊之、赵富春等。交通员伊之是个刚参加革命不久的知识分子。专管赶车运物资的赵富春是个地地道道的朴实农民，麻子脸，小个头，人称赵麻子。

肖田把运送的器材准备完毕后，赵富春甩着大鞭子，赶着一辆拉粪的大车和伊之赶到燕京大学。他们把收发报机、空气电池和各种物资装在大粪车的特制夹层里，覆盖好后，再装上臭烘烘的大粪。一切伪装完毕后，赵富春一甩鞭子就出发了。

赵富春非常沉着，到日军岗哨前，站岗的日本宪兵一闻臭气扑鼻，把鼻子一捂："开路开路的！"于是，一声清脆的鞭响，大车平平安安地进了山。

就这样，肖田和交通站的同志们时而用粪车，时而用汽车，先后将一批发报机、空气电池、药品、内燃发电机，一批照相、测量、绘图器材和大量电线、汽油、机油等物资，送到根据地。

▼ 两遭牢狱苦　两过鬼门关

1941年春天，正当各种器材源源不断地运往根据地，交通站越办越巩固的时候，肖田被北平日本宪兵队带走。日本宪兵队头目上村喜赖亲自审问肖田。肖田称自己是燕京大学职工，其他一概说不知道。

上村喜赖一挥手，两个打手把肖田拖进了刑讯室。从那一天起，鞭打、灌凉水、灌煤油、烙火筷、恶狗咬，一直刑讯了整整8天，肖田横下心，只字未吐。在党组织的帮助下，肖田将编造的传教口供秘密转告林迈可。当日本宪兵找林迈可核对时，口供被证实！肖田"通共"的嫌疑解除了，终于获释回家。

1942年5月，肖田第二次被捕。日本宪兵始终没能撬开这位真正共产党员的口。1942年底，在党组织的积

极营救下，日本宪兵队只好将奄奄一息的肖田释放。

后来，在晋察冀边区有关部门的周密安排下，肖田秘密回到边区。原来党组织得知，日本宪兵队准备再次逮捕病情好转的肖田，便果断决定接他回"家"。

【史迹寻踪】

燕京大学抗日战争联络点

原为燕京大学第一号自动化污水井，污水井的入口处有一个水泥小屋，现位于北京大学未名湖西岸的钟亭附近。1938年秋至1942年春，中共地下党在此处秘密设立联络点，传递平津与抗日根据地间的文件、情报、宣传品及军用器材等。

1939年底

白乙化

密云传奇小白龙　神威巧技摧敌胆

曹友林

【人物小传】

白乙化（1911—1941年），字野鹤，满族，辽宁省辽阳县石场峪村人。1930年加入中国共产党。1932年5月在家乡组建“平东洋抗日义勇军”，任司令。由于他好穿白衣，指挥作战灵活机动，人称“小白龙”。1935年参加“一二·九”学生爱国运动，被誉为运动中的“虎将”。1939年任华北人民抗日联军司令员；年底，任八路军晋察冀军区第十团团长。1941年2月4日，在指挥密云马营战斗时，不幸牺牲，年仅30岁。

扫一扫，看“小白龙”白乙化

▼ 胡子黑又密　传奇色彩浓

1939年底，白乙化任八路军晋察冀军区第十团团长，绰号“白大胡子”。他的胡子长得怪异，别人的胡子往下长，他的却打着旋往上长，又黑又密，连耳朵带下颏全遮住。十团战士说团长的胡子不能刮，刮了就倒霉。

白乙化自打蓄胡子开始就刮过两回，结果都出了事：一次是1933年在东北当义勇军司令时，头天刮的胡子，第二天就被日军包围在山上，被困40余日，连冻带饿差点牺牲；再一次是1941年春节，白乙化不听劝阻非要刮掉胡子干干净净过个年，结果农历正月初九（2月4日）在指挥马营战斗时中弹牺牲。

他的胡子赫赫有名，连日军向百姓逼问十团下落，都一摸下颏问：“大胡子的，哪里有？”丰滦密抗日根据地百姓还说他的胡子能镇邪！一天，密云白马关据点的10多个日军由一个伪军带路出外抢东西，走进一条山沟，遇到一个挖野菜的小姑娘，日军兽性大发要欺负她。小姑娘哭喊挣扎都不管用，急中生智，高喊：“大胡子叔叔，救救我！”日军听了一哆嗦，忙问：“大胡子在哪里？”小姑娘往他们身后一指：“那不是，正下山呢。”日军魂飞魄散，撒腿就跑，跑出几里地没敢回头，小姑娘因此躲过一劫。

▼ 枪法技艺高　击毙飞行员

白乙化的枪法被公认全团第一。他曾经在指挥平西娄儿峪的战斗中，用步枪3枪击倒3个日军旗语兵，第4枪将日军旗帜击飞，使日军指挥中断。

诗人田间与白乙化相识，1946年8月1日，他在《晋察冀日报》发表一首叙事诗《林中之战——题白乙化司令》，称赞其如神枪法。更令人称奇的是，他还用步枪击落了一架日军飞机。

事情发生在1940年2月，万余日军发

动了对平西根据地的十路围攻，十团奉命在青白口一带阻击敌人。日军进攻中不但有猛烈炮火掩护，还派出飞机助战。日机欺八路军没有防空武器，低空盘旋，扔炸弹，射机枪，给十团造成很大伤亡。白乙化气坏了，一面命令战士对空射击，一面从警卫员手中要过一杆三八步枪，单腿跪地，瞄准飞机连开数枪，子弹击中驾驶员，日机摇摇晃晃撞在山上，战士们一片欢呼。战后，白乙化找到飞机残骸，见机上的双筒连体重机枪没有摔坏，便让人卸下来，从中间锯开，分给一营、三营各一挺，从此十团第一次有了重机枪。

▼ 投弹有绝技　钻入炮楼中

十团团长白乙化

白乙化身高力大，投弹是他的另一绝活儿。他投弹和别人不一样，别人是攥着木柄甩，他却先拉弦，再在手里转一下，攥着铁头往前扔。按他的解释，这样投有两个好处，一是缩短引爆时间，让敌人捡不起来，二是不发飘，有准头。

十团战士形容团长投的手榴弹像炮弹，又远又准。白乙化确实曾施展投弹绝技，帮助部队攻克了大草坪据点。那是 1940 年 6 月，为了掩护丰滦密地区的开辟工作，白乙化率十团一营展开外线作战，大张旗鼓地跨出长城，深入伪满洲国的滦平、丰宁境内吸引敌人，并故布疑阵，让每个班在宿营时都挖一个排的灶坑，造成大部队出关的假象。敌人不明虚实，非常恐慌，纠集 300 余日军尾随而行，既怕跟丢又不敢靠近，周围据点更是紧张，忙于自保。白乙化不慌不忙牵着日军在山里转了几天，一天夜里，突然甩掉敌人，北上捣毁五道营子据点，东进重创小白旗的敌人，再南下突袭司营子据点，又北上攻克虎什哈据点，然后销声匿迹了。当敌人还在原地找他们时，白乙化的部队又出现在百里外的丰宁县大草坪，向大草坪据点发起强攻。大草坪是敌人的重要据点，驻有伪满军一个营，装备精良。十团攻至中心炮楼几十米处，被敌人猛烈机枪火力压制。白乙化不顾危险来到前沿，见此情况，要过 3 颗手榴弹，用他的独特手法奋力投出，其中两颗手榴弹就像长了

眼睛，从炮楼枪眼飞了进去，爆炸声中，敌人的机枪哑巴了，战士们高喊着冲进炮楼。此战，全歼伪满军一个营。消息传到伪满“新京”长春，日伪惊呼：“延安的触角伸进了满洲，扰乱了帝国新秩序！”

▼ 题诗龙泉寺　直抒抗日情

1941 年 1 月，中共冀东平密兴联合县县委书记李子光由平西返回冀东，途经丰滦密。一日闲暇，白乙化陪李子光到密云赶河厂村西的龙泉寺游览。

龙泉寺已有几百年历史，林木茂密，环境清幽，清澈的白河水在寺前山脚下潺潺东流。寺内有一眼龙泉，据说直通龙宫，喝上一口龙泉水，能消灾祛病，益寿延年，因此香火旺盛。白乙化等进得寺来，住持老僧亲自引导游览。他见为首的军人浓须倒长，谈吐不俗，便讨教姓名。当他得知眼前的军人就是威震敌胆、能文能武的小白龙白团长时，又惊又喜，连忙取来笔砚，坚持请白乙化在寺院影壁上题诗留念。白乙化谦辞不过，只得接过笔墨，略加思索，大步走到影壁下，以豪放舒展的行草字写下五言律诗一首：“古刹映清流，松涛动夙愁。原无极乐国，今古为诛仇。闲话兴亡事，安得世外游。燕山狂胡虏，壮士志增羞。”诗以明志，白乙化借这首诗表达了誓把日本侵略者早日赶出中国的迫切心情。

【史迹寻踪】

白乙化烈士纪念碑

位于密云石城镇的群山绿树中，由烈士纪念碑和纪念馆两部分组成。纪念碑西邻烈士牺牲地降蓬山，南邻白河。烈士纪念馆的外形像“红军帽”，馆内大堂中央矗立着一尊 2 米多高的白乙化石像。

在纪念馆一座牌楼上刻有“白乙化烈士千古”，是原八路军冀热察挺进军司令员萧克的手笔。

白乙化烈士纪念地

1940年1月

岳坦

掩护区长舍生死 英雄血染白龙潭

熊根琪

【人物小传】

岳坦（1914—1943年），延庆大庄科水泉沟村人。1940年参加抗日游击队，担任村自卫军队长、民兵中队长。1941年加入中国共产党。1943年6月，为掩护昌延联合县二区区长刘文科转移，不幸被捕，在被日伪军押送回据点的途中，跳入白龙潭，壮烈牺牲，年仅29岁。

▼ 传奇故事传颂多　烽火岁月宛如歌

2010年8月，位于延庆东南部山区大庄科乡的白龙潭，突然引起了众人的关注。因为，在这里发现了一个巨型石潭，宽20米，深18米，四周由一块完整的花岗岩石组成。有人猜测这是两三百万年前形成的冰臼，也有人认为这是水流冲击形成的。在清理石潭时，还挖出了铸铁的手榴弹弹壳，可见这里曾发生过激烈的战斗。于是，70年前抗日英雄岳坦宁死不屈、血染白龙潭的事迹，也被人们屡屡提起。

1940年1月，中共平北工作委员会在挺进军第九团第八连和平北游击队的掩护下，从平西出发，经过几天的艰苦行军，悄然抵达大庄科的霹破石村，在这里成立昌（平）延（庆）联合县政府，并深入附近村庄，了解百姓生活状况，宣传党的抗日主张，动员人民群众抗日，建立救国会，发展党组织。很快，各村先后建立起自卫军（民兵）组织，配合部队开展游击斗争。

家住水泉沟村的岳坦，早就盼望着加入抗日队伍，这回总算是找到了组织，于是立即参加了抗日游击队。由于岳坦年富力强、敢打敢拼，很快就被推选为村自卫军队长、民兵中队长，与指导员王俊英、大队长王德荣密切配合，组织当地民兵站岗放哨、埋地雷、送情报、掩护干部，为巩固和发展平北抗日根据地做出了积极贡献。1941年，由于工作积极努力、办事认真负责，岳坦被党组织列为发展对象，不久就加入了中国共产党。

1942年，伪满、伪蒙疆和伪华北等日伪当局协调行动，对平北根据地进行大规模“扫荡”，实行所谓的“蚕食”进攻计划，企图将整个根据地分割成几个小块，然后各个击破，彻底摧毁。日军制造“无人区”，修“围子”设“部落”，实行“集家并村”，拆毁房屋、烧毁村庄，将群众赶进“人圈”，并在其周围挖壕沟，修建几米高的围墙，实行惨无人道的军事统治，对老百姓严加管理，企图以此割断群众与八路军的联系。

▼ 抗日区长刘文科　震撼日军遭通缉

大庄科地区比较大的“围子”建在汉家川村，日伪军打算将附近的水泉沟、杨树沟、暖水面等村庄的老百姓，都赶进这个“围子”。然而，由于老百姓的反抗和昌延县政府不断组织群众进行游击斗争，使这里的群众并没有全部搬入“围子”里。有些老百姓房子被拆毁后，就到山坡上搭起临时窝棚。其中，岳坦家的房子也被拆光了，就在杨树沟的东山坡上搭了个窝棚为家。

当时，汉家川村隶属于昌延联合县二区，区长刘文科负责组织这一带的抗日群众，进行反“围子”游击斗争，经常对驻扎在这里的日伪军据点进行突然袭击。这样，刘文科被敌人视为“眼中钉”，日伪军对他恨之入骨，四处张贴告示，悬赏捉拿刘文科。

1943 年 6 月 19 日，刘文科带领游击队袭击周四沟的日军后，在返回途中，带着通信员于长印来到杨树沟，准备发动群众筹集粮食，拂晓时才到岳坦家中。由于累过头了，刘文科一进屋，就躺在炕上睡着了。岳坦和他嫂子怕区长出事，分别到门口和山下进行放哨。

果然，不大一会儿，岳坦的嫂子就从山下慌慌张张地跑回来了，喘着气说：“山沟里……来了敌人，

【史迹寻踪】

白龙潭烈士纪念碑

位于延庆县大庄科乡白龙潭旁边的山坡上。抗战时期，大庄科是从昌平深入延庆北山的重要通道。八路军第四纵队到达大庄科后，组建游击队，开展抗日活动，成立昌延联合县政府。这里一大批有志青年投身革命，并献出了宝贵的生命。1987 年 7 月，大庄科乡政府在岳坦牺牲地白龙潭旁的北山坡上，修建烈士纪念碑，正面镌刻“革命精神永放光芒”，背面碑文记载岳坦、卫兴顺、岳忠等为革命捐躯的烈士的生平事迹。1995 年，白龙潭烈士纪念碑被列为延庆县文物保护单位。

快……快让区长跑”。一看情形危急，岳坦赶紧将刘文科叫醒，领着他和通信员就朝后山上跑去。

然而，刚跑到山梁，突然听到“叭”的一声枪响，子弹擦着岳坦的耳朵飞过。怎么回事？他往山下一看，糟糕，原来从山的另一侧上来了好多日伪军，黑乎乎的一大片，将前面的路堵住了。

▼ 掩护区长敌情急　引开敌人不屈服

眼见敌人快到近前，情况十分危急了。岳坦心想，自己的命没了不要紧，但是区长任务重，还要领导群众进行游击斗争，一定得想办法保护他。于是，他当机立断，让刘文科和于长印滑进一片茅草丛里隐蔽起来，自己则朝着另一个方向跑去，故意把敌人引开。

岳坦这一跑，日伪军就发现了他，立即朝这边开枪并追了过去。岳坦顾不了枪弹，撒腿使劲跑，但跑出去没多远，还是不幸被抓住了。日伪军将他反绑了起来，一群人把他围在中间。

这时，带队的日本军官上前，倒握着步枪，二话不说，狠狠地砸在岳坦的左肩上，身边的翻译大声吼道：“刘文科区长在哪儿？快说！”

“不知道！”岳坦回答。

“公粮在哪儿？说！”日本军官又上前踢了他一脚，接着问。

“不知道！”岳坦还是坚决地回答。

…………

就这样，敌人打一下，问一句，再打一下，再问一句。岳坦咬着牙默默承受着，始终只是回答3个字：“不知道！”哪怕是左臂被敌人打断，胳膊几乎耷拉到膝盖处，但他仍不屈服，还是回答“不知道”。

躲在不远处的刘文科，眼看着岳坦被敌人这么折磨，心如刀割一般，抓过于长印手里的枪，想冲出去与敌人拼了。

于长印一把按住刘区长的手说：“区长，不能开枪！您别冲动，岳大哥受这么大的苦，就是要保护您！您要是这么冲出去，不但救不了他，而且会把您自己的命也搭上，那么他的一番心血就白费啦。”刘文科心里明白，岳坦保护的不单单是他一个人，他是要保护区政府和游击队呀。刘文科含着热泪，只好依了于长印。

▼ 英雄血洒白龙潭　忠魂直扬上九天

日军怎么都问不出什么名堂来，就押着岳坦往山下走，打算先把他带回大庄科据点。眼看离刘文科和于长印两人藏身的地方越来越近了，岳坦估计他们俩还没走远，应该就在附近。他心想，如果这时敌人再搜山的话，区长他们恐怕是凶多吉少了。不行，还得赶紧想个办法才好。

这时，一个念头闪过脑海。岳坦走着走着，突然大喊起来：“快跑呀！游击队在山里边埋上地雷了！”日伪军还真是被地雷炸怕了，听岳坦这么一喊，信以为真，就拼命跑下山坡，准备沿着山道返回大庄科据点。

跑到水泉沟西边的断崖时，岳坦不禁朝下看了看，断崖下面就是水还挺深的白龙潭。他转念一想，自己落到敌人手里，肯定还会被上刑、拷打，反正是活不成了，与其再受尽敌人的折磨，还不如直接跳到水潭里死得痛快。

岳坦牺牲地——白龙潭

于是，岳坦突然转过身去，一边破口大骂“日本鬼子”，一边纵身跳进白龙潭里。这一突然举动，搞得敌人有点措手不及。待浮上水面时，岳坦还是大骂日军，于是日伪军对着他连开数枪。随后，岳坦的身子慢慢沉了下去，水面上浮起了殷红的血色。

岳坦就这样壮烈地牺牲了，年仅 29 岁。

正所谓：“英雄血洒龙潭，忠魂直上九天；清水长流不息，烈士千古流芳。”

1940年正月

娄平

冀东创作《寒夜曲》 狭路相逢突盘山

王桂环

【人物小传】

娄平（1917—2000年），原名陶声垂，祖籍浙江绍兴。1936年加入中国共产党。曾任北平“民先”总队长兼党团书记，中共北平城委书记，冀东八路军科长、教导员、党总支书记、团政委等职，后转任冀东十八地委城工部长、冀东建国学院副院长、唐山市教育局长。建国后历任察哈尔省教育厅副厅长，张家口市市委副书记，河北省委宣传部、文教部副部长，河北省教育厅厅长，南开大学党委副书记、副校长等职。

▼ 自己作词谱曲　《寒夜曲》唱遍冀东

1941 年春夏之交的一天，冀东八路军第十三团击退了“扫荡”盘山的日伪军。苦战一天后，部队在盘山万松寺设营。党总支书记娄平来到大松树下，和宣传队十几个只有十五六岁的小宣传员住在一起。

夜晚，月亮高悬在挂月峰上，战火中的这份诗情画意甚是难得，战士、老乡聚在一起，开起了联欢会。小宣传员们知道，娄平是来自北平的知识分子，和包森一起从河北遵化长城线上来开辟盘山根据地，是包森的有力助手。他是一个会打仗的文化人，而且歌声高亢动听。娄平在军中非常注意文化工作，经常用歌声唤起军民英勇抗战的热血，有时还到宣传队教大家唱新歌。于是小宣传员们用手拢着音，欢快地喊着：“欢迎娄支书唱歌！欢迎娄支书唱歌！”

娄平触景生情，于是便唱起了《寒夜曲》：

雪盖满山冈，西风吹来透骨凉。

鬼子烧了住房，数九里露天的寒夜难挨。

吃穿用都葬送在火场，肚子饿得难当，扒一把米炭且充饥肠。

说什么并乡！中国人的死活，哪干鬼子半寸心肠！

泪眼望着火场，热泪流到白须上成冰桩。

哪里还有家乡？哪里再找住房？

今夜，且在这草堆上睡一场，且在这草堆上睡一场。

这首歌曲作者便是娄平自己。1939 年，日军在河北遵化并村集家，实行“三光”政策，制造“无人区”。一次，娄平在长城边一个被日军烧毁的小村庄露营时，看着无家可归的老乡，满眼火烧后的断壁残垣，有感于国破家亡，就在篝火旁自己作词谱曲，创作了这首《寒夜曲》。这是冀热辽出现的第一首自创曲，被地方干部教给了农村青年，唱响了冀东大地。

两年前日军烧光了遵化地区群众的住房，今天，他们又烧了盘山老乡的住房，

于是娄平激动地对大家说："我们一定要抗战到底！驱逐日寇出中国，建立新家园。"

第二天大清早，娄平和宣传队一起登上了万松寺西北的舞剑台，娄平对大家说："一首好的歌曲，可以鼓舞人民抗日。我们在敌后，学的歌曲少，又不会作曲，但可以利用旧曲填新词。"说完，他自己忽然灵机一动，试着用大革命时代流行的《打倒列强》的曲调，填了一首《打倒汉奸》的歌："打倒汉奸！打倒汉奸！汪精卫！汪精卫！他是头号汉奸！他是头号汉奸！打倒他！打倒他！"当天晚上，娄平离开盘山，和部队一起，在包森的率领下，去开辟新的抗日游击区。《打倒汉奸》通俗易懂，被留下的宣传队教给连队战士，也教给战地群众。很快这首歌曲便在冀东人民群众中流传开来。

▼ 被日伪军包围　枪林弹雨巧突围

1940年正月初六，为开展工作，包森带着娄平等16人夜宿冀东遵化西南部的黄台。第二天上午10点，村南发现敌情。大家立即向村东北转移。刚出村，就发现伪军已从东北逼近，步枪火力已够得着。于是大家又向西转移。西北4公里是遵化城，有日军守备，

【史迹寻踪】

盘山抗日根据地

盘山抗日根据地位于天津城北蓟县盘山。这里曾是晋察冀抗日根据地的主要活动地区，至今保留有许多抗日活动旧址。中华人民共和国成立后，在盘山东麓修建了烈士陵园和纪念碑。

冀东抗日武装大暴动后，盘山成为抗日力量聚集的地方。1939年夏，根据晋察冀军区的决定，建立了冀东军分区，在盘山设立了军分区司令部。1940年2月，包森、李子光、王少奇等率部来蓟县，开辟盘山抗日根据地，并于1940年3月建立了冀东第一个抗日政权——蓟（县）平（谷）密（云）联合县，形成了以盘山为中心，东到遵化，西北至平谷、密云，南到蓟县平原的抗日游击区，正式建立了盘山抗日根据地，人口达200余万人，成为当时抗击日本侵略者的重要基地之一。

地形又不利，大家明知向西转移很危险，但此时已无法顾及。才跑出二三百米，就发现遵化城里的日军已到团练屯，双方相距不到1000米了，他们只好又折向南突围。态势已非常危急：包森部队深夜到来，百姓接待声音稍大；又有奸细告密，部队已被数十倍日伪军包围。

留在后面担任掩护的8人主动回守大院以牵制敌人，另外8人继续向南突围。日伪军从后面包抄上来，边扫射、边追击，双方相距不过600米左右。大家决定分头撤退，这样可以分散敌人的火力。包森等5人沿干河沟直奔黄台口子，娄平等3人向右翻越一个小山垭口。小山垭口虽不高，但突围行动却比沿干河沟突围慢多了。等包森5人绕过黄台口子后，日伪军的火力便转向娄平等3人。3人中，娄平殿后，

等前面两人翻过山，娄平距山垭口尚有10多米。这时，日军集中火力对准他一个人。一挺歪把子的子弹扫在他脚边二三米处，他迅速卧倒。机枪一停，利用敌人换子弹夹的间隙，他向上跃进几步；第二次子弹又扫到他的脚边，他趁空隙又向上跃进几步；第三次，子弹扫到他头顶正上方1米多的地方，形成6米左右的横线，打得山上的小石粒飞迸。枪声稍一停息，娄平又跃进几步，朝山梁急速翻滚过去。这时第四次扫射的子弹擦着山梁飞过，娄平总算初步脱险了。他喘了口气，迅速下山。

到了山下的马各庄，老乡把自行车送给了娄平。借着自行车的速度，他只两三分钟便赶上了包森等人，终于脱险了。

▼ 当机立断突围　越权指挥救属队

1940年秋，青纱帐才倒，日军又开始“扫荡”了。秋末的一天，十三团在鱼子山与日军激战竟日，夜里向盘山转移，准备占领主峰一带的有利地势。

夜半时分，队伍过洙水山口，特务连长贾子华率尖兵进入小岑村。没想到，日军已在该村宿营。尖兵悄悄退了出来。小岑村是通往盘山中心的内山口，这里有敌人，说明日伪军已在山里部署开了。包森不敢怠慢，立刻率部登西山，以便观察敌情，

待机行动。

这座山南北长约10公里，起伏不大，又很单薄，无险可守，打起来极易失利，不可久留。第二天上午10点，发现东面山下户家峪没有敌情，包森便率特务连下山，打算穿过户家峪村，到东山占据有利地势，掩护所部向盘山主峰转移，彻底扭转被动局面。

不料进村后就与刚进村的伪军狭路相逢。伪军人多，不可恋战，包森等迅速向东山上撤退。就听伪军中有人大喊："戴八角帽的是老包！"包森马上扔掉帽子。伪军又喊："穿夹袄的是老包！"他又甩掉夹袄，真是"割须弃袍"。等到包森率特务连摆脱了伪军登上盘山主峰后，后面的队伍与他们隔开了。

话分两头，此时娄平仍在西山上，日军已顺着山梁自南向北进攻，火力很猛，八路军开始后退，情况万分危急。团直属队的几十人失去了指挥，如果形势继续下去，很可能全军覆没。娄平见势不妙，查看一下地形后，当机立断，站出来迅速指挥直属队下山向东突围。虽然队伍在东山坡上挨了日军的几发炮弹，但总算大部分都突围出去了。

后排左四为娄平

当夜，娄平带着几个人，经砖瓦窑到达山前八路军团部驻扎地所在的怪子峪。

几十年过去后，当年的译电员回忆起此事，还心存感激地对娄平说："当年亏得有你指挥，不然大伙就危险了。"

1940年2月

胡瑛 徐智甫

创建坚守昌延县 壮士英魂留长城

熊根琪

【人物小传】

胡瑛（1911—1940年），湖北人。1933年投身革命参加工农红军，1934年加入中国共产党。参加中央苏区第四次、第五次反“围剿”斗争，历任红军排长、连长、营长。1940年初，任昌延联合县第一任县长。8月28日，在突围时不幸中弹牺牲。

徐智甫（1907—1940年），原名徐睿，天津蓟县人。1932年加入中国共产党。1938年参加冀东大暴动，任冀东抗日联军第十六纵队政治处副主任。1940年4月，任昌延联合县第一任县委书记。8月28日，在突围时壮烈牺牲。

在延庆东南部山区，有一个环境优美的小村庄，名叫霹破石，因村口有一块巨大的石头，且从中间裂开一道缝而得名。

1940 年 2 月的一天晚上，一个圆脸、中等个子、皮肤黝黑的小伙子，在霹破石召开的县政府干部会上说："同志们，红军长征虽苦，但今天昌延县的环境比长征还要苦。敌人天天'扫荡'、搜山，我们要抗击敌人的进攻，开辟抗日根据地，必须有自己的武装，没有武装斗争，是站不住脚的。"

这个人就是昌延联合县的第一任县长胡瑛。

▼ 建联合政府　为百姓除害

1939 年底，中共冀热察区委提出"巩固平西、坚持冀东、开辟平北"的"三位一体"战略部署。

1940 年元旦刚过，一支队伍在平北游击大队的掩护下，从平西出发，经过几天的艰苦行军，于 1940 年 1 月 5 日夜晚悄然抵达延庆东南部山区的霹破石村，并驻扎在这里。

这支队伍就是昌（平）延（庆）联合县的地方干部，他们进驻霹破石，即宣告昌（平）延（庆）联合县正式成立。这是决定开辟平北抗日根据地之后建立的第一个联合县政府，县长就是年仅 29 岁的"老红军"胡瑛。

这里长期处在日伪统治下，日伪军经常"扫荡"烧劫，村中一幢幢房屋被烧毁，妇女儿童都躲进了深山里。县政府的队伍到达后，人民群众见到八路军来到，就像见了亲人似的。

胡瑛到任后，立即深入各村，了解群众的伤亡和损失情况，给予安抚、慰问和救济，并动员大家积极抗日。人民群众欢欣鼓舞，决心同八路军一起抗击日本侵略军。

当时，日军在昌延中心区周围建有 20 余个据点，加上各山头的几十股土匪，这里的粮食几乎被敌人抢光了，部队和地方干部有时一天吃不上一顿饭，致使根据地难以巩固发展。

为了打开工作局面，胡瑛等人决定首先进行武装建设，开展积极的武装斗争。

不到一个月，一支40余人的昌延县游击队就组建起来，胡瑛兼任队长。游击队配合主力部队，消灭了昌延中心区的汉奸土匪，扫清了障碍，为当地百姓除了大害，获得了民心。

▼ 拔日伪据点　巩固根据地

游击队拔掉了盘踞在中心区周围的一些重要日伪据点，袭击大观头据点，歼敌18人，缴获大枪17支；袭击莲花滩据点，将日伪70多人逼退至延庆县城。

同时，各村也先后建立起自卫军（民兵）组织。区设大队部，县设总部，胡瑛兼总队长。自卫军主要任务是站岗、放哨、查路条、送情报，并配合部队开展游击斗争。

胡瑛在开展武装斗争的同时，还积极进行政权建设，先后建立中心区、十三陵区、台自沟区、马场区等5个区。

在三四个月的时间内，胡瑛与群众同甘苦共患难，几乎走遍了昌延县的各个村庄，发展党员200余人，在50余个村建立了村政权及抗日组织，使昌延县很快就成为平北地区一块巩固的根据地。

▼ 率众打游击　出山筹粮钱

1940年4月，一位戴着眼镜，颇具学者风度，略显老练、沉着的中年人，接到上级的任命，悄然来到昌延联合县政府驻地霹破石村。

这个人就是昌延联合县第一

任县委书记徐智甫。那时候，青黄不接，粮食奇缺，昌延县中心区的牲口家禽都被杀光了，连驮机枪的大骡子也被杀了分给伤病员吃。有时，甚至连树叶子也被吃光了。

徐智甫到任后，与人民同甘共苦，也常以野菜草根充饥。不久，他患上了疟疾，仍顽强地坚持着，与大家一起上山打游击，四处筹粮食。

5月上旬的一天，徐智甫与昌延县政府干部王毅（后担任县委会宣传部长）等人翻过几道大山梁，到南边山外去筹粮食。可是在路上，徐智甫的疟疾又发了，几经折腾，浑身虚汗，气喘吁吁，脸色苍白。大家劝徐智甫返回中心区休息，但他坚持要出外筹粮，大家就只好搀扶着他，走走停停，太阳快落山时，才走到马圈子村。

傍晚时分，王毅和一名姓侃的同志通过十多里的虎峪沟，来到马池口，找到乡长，请他帮忙筹到两袋小米。徐智甫见王毅两人背回了粮食，真是喜出望外，自己根本没顾上吃，马上就让交通员借老乡的毛驴把粮食送到了梁北，分给好几天没吃上粮食的游击队员。

就是在这么艰苦的条件下，昌延联合县的抗日斗争进入了最困难的时期。从1940年5月开始，日伪军集中5000余兵力，对昌延地区进行“拉网式”的大规模“扫荡”，企图摧毁这个刚刚建立起来的根据地。

形势相当严峻，但人民的抗日热情却丝毫不减，抗日斗争仍持续不断。当时，主力部队已撤到外线作战，昌延地区只剩下赵立业率领的十团九连少数部队。于是，胡瑛和徐智甫等人就率领这里的人民群众，一起过着“游击”生活。白天，他们随部队活动，采用游击战术，与日伪军周旋；夜晚，他们就出山筹粮筹钱。

长期的翻山越岭和忍饥挨饿，使得胡瑛的胃病和徐智甫的疟疾都更加严重，但他们不顾个人安危，还关心着其他同志。一次在大同沟老乡家，胡瑛把仅有的一碗玉米粥和一碗树叶子，留给了身边的同志。

▼ 深夜突遇袭　惨遭寇割头

日伪军连续不断地进行“扫荡”和搜山，昌延县的干部和群众始终坚持抗战。1940年8月上旬，连长赵立业接到命令，要率领十团九连回团部，转移到外线作战。临行前，赵立业认为昌延县形势很严峻，想让县长胡瑛等人一同撤离。

可是，胡瑛想的不是自己的安危，而是昌延县的抗日工作。他说：“我是一县之长，县长不离县，离开不就失职了吗？我不能走。”

8月27日傍晚，胡瑛和通信员程永忠来到窑湾黄土梁的老乡王金喜家。刚吃完饭，天就黑了。胡瑛写了封信，委托王金喜连夜送至梁东小泥房子村，交给在那里的徐智甫。

徐智甫见信后，立即与王金喜一道，来到黄土梁与胡瑛会合。两人在王家的小屋里进行讨论，研究部署部队走后如何开展抗日斗争等问题。不知不觉，两人一直谈到天亮。

第二天清晨，徐智甫和胡瑛刚躺下准备睡会儿，就听见外面有动静。

原来，在场院干活的主人王金喜，突然发现很多穿着黄衣裳的日伪军朝着他家院子围过来，并冲他喊道："哪一个？"

王金喜一见这阵势，心想，回屋报信肯定是来不及了。他灵机一动，故意大声地回答："老百姓，压场呢。"

正是这一声回答，将屋内的胡瑛惊醒了。他马上跑出屋，一见是日伪军，"叭叭"打了两枪，就往西南山坡上跑去。这时，徐智甫和通信员程永忠也听到了枪声，知道敌人来了，于是赶紧出来，朝着东南沟

胡瑛、徐智甫、程永忠三烈士纪念碑

【知识链接】

昌延联合县

昌延联合县，是抗日战争时期中国共产党在平北抗日根据地建立的县级建制，包括昌平、延庆两地交界的山区、半山区和部分平原区。

根据"巩固平西、坚持冀东、开辟平北"的"三位一体"战略部署，1939年底，中共平北工委在平西重建，由王伍任书记，史克宁为组织部长，李熔旭为宣传部长。同时，昌（平）延（庆）联合县政府的班子也组成，县长为胡瑛，民政科长为张子丰，财政科长为杨俊廷。

1940年元旦刚过，中共平北工委率领昌延联合县政府干部，在平北游击大队的掩护下，从平西出发，于1月5日抵达延庆东南部山区的霹破石村，即宣告昌延联合县政府正式成立。政权建立后，昌延联合县干部深入了解当地情况，宣传抗日政策，加强武装建设，领导昌延县军民积极开展游击战争，消灭多股土匪势力，粉碎日伪军多次"扫荡"，巩固了平北地区的第一块抗日游击根据地，并由此向东向北扩展，

跑去。

日伪军见胡瑛往西南山上跑，就用机枪扫射，当他跑到半山腰时，腿被枪弹打断，坐在了地上。日伪军妄想活捉胡瑛，一窝蜂地冲了上来，胡瑛举枪就打，击毙两个伪军。敌人见无法靠近，刹那间，向他射来数发子弹。胡瑛倒在血泊中，英勇牺牲。

徐智甫和通信员程永忠在往外突围时，边跑边打，但终因寡不敌众，不幸中弹。当敌人逼近时，徐智甫将最后一颗子弹留给了自己，决然举枪自殉，壮烈牺牲。

程永忠也坚持战斗到最后，不幸被乱枪射中，当场牺牲。

日伪军搜出胡瑛身上带的大印（县政府及县长印），知道了他是县长，便残忍地将他和徐智甫的头割下带走。

当得知县长胡瑛、县委书记徐智甫等人不幸牺牲的消息时，昌延县人民群众无比悲痛。一个月后，新的县委会、县政府组成，并在小间房为胡瑛、徐智甫、程永忠 3 人举行了追悼会。

44 年后，延庆县委、县政府在胡瑛、徐智甫、程永忠 3 位烈士牺牲的长城脚下，树立纪念碑，碑身正面题写：“青史先烈写，红旗后人擎。”

成为连接平西和冀东的交通纽带，为争取抗日战争的胜利做出了重要贡献。

1944 年 12 月，昌延联合县撤销，分别成立昌平县和延庆县。

1940年春

段苏权

辟平北肩挑重任　战日寇天翻地覆

陈丽红

【人物小传】

段苏权（1916—1993年），湖南茶陵县人。1930年加入中国共产主义青年团，同年转为中共党员，1932年8月参加中国工农红军。土地革命战争时期历任茶陵县委书记、共青团湘赣省委宣传部长、湘赣军区和红六军团宣传部长、黔东特委书记兼黔东独立师政委等职。1940年5月任晋察冀军区平北军分区政治部主任。1942年7月担任中共平北地委书记兼平北军分区政治委员，领导建立、巩固和发展平北抗日根据地的斗争，坚持艰苦的敌后反“扫荡”作战。

▼ 买鸡请客　收编土匪

1940年春，在延安马列学院的学习刚结束不久，段苏权又踏上了前往萧克领导的冀热察挺进军参加战斗的征程。在宛平县野三坡的山南村，段苏权向萧克报到，准备率部挺进平北。临行前，萧克拉着他的手说："你这次是钻到铁扇公主的肚子里，可要闹他个天翻地覆啊！"

段苏权到达平北后，遵照挺进军制定的"隐蔽发展，不过分刺激敌人"的斗争方针，决定加强统战工作以打开局面。各部队派出大量干部组织地方工作团，联络各地联庄会（平北地主武装力量），收集民间枪支，组织抗日武装。段苏权再三强调，对当地武装的争取不可强逼硬来，必须有步骤进行，要通过耐心细致的政治说服和动员工作。

当时有支"水字杆"土匪，领头的叫袁水，是河北丰宁县人，因不堪忍受恶霸地主欺压才上山为匪。这人虽为土匪，但很有正义感和民族气节，在自己的"水字杆"定下3条纪律：一不许奸淫妇女，胡作非为；二不许祸害百姓；三不许绑票，要打日本，打据点，抓汉奸。段苏权从平北十团团长白乙化那里了解到这个情况，决定会一会袁水。

见面那天，袁水头戴小瓜帽，身穿布褂子，腰里别着驳壳枪，走起路来晃悠悠。段苏权心想：他们在山里随便惯了，有点"油条"习气在所难免。他没有以貌取人，而是迎上前去，把对方让进屋，一阵寒暄，以礼相待。段苏权对袁水详细讲解了共产党和八路军的抗日主张与政策，并真诚邀请袁水与八路军共同抗日，保家卫国。随后，还挽留袁水吃了

晚饭，在当时部队条件艰苦的情况下特意为他买了一只鸡。袁水对此甚为感动，回去后跟自己的弟兄们说："我乍见到八路军，心里很不踏实。可是这次见到段主任，他身上不带枪，说话也很和气，一点架子也没有，咱们也就放心了。"

段苏权与袁水这次会面的场景和袁水的话传了出去，在平北产生了很大影响。各地联庄会的头领和土匪头目对段苏权本人、对八路军都产生了好感。延庆的姬永

明带着联庄会的7挺轻机枪、100多支步枪和上万发子弹加入抗日队伍，编为龙（关）延（庆）怀（来）联合县游击大队（后又整编为平北游击支队一大队）。此后，延庆县自卫团团长张华，赤城县联庄会头目岳国良、李恩也相继响应八路军的号召，率队加入到抗日民族统一战线中。连土匪头子李秉元也带着队伍下山，被整编到平北游击支队七中队。这样一来，平北游击支队短时间内从几百人一下子增加到了1000多人。

▼ 组建骑兵　反击“扫荡”

1941年，在百团大战中吃尽苦头的侵华日军，集中兵力对华北各抗日根据地开始了全面大“扫荡”，刚刚开辟的平北抗日根据地首当其冲。

5月中旬，在取得春季反“扫荡”斗争阶段胜利的基础上，段苏权率领平北军分区指挥机关和平北游击队，跳出敌人的“扫荡”圈，越过长城，准备攻打独石口日伪据点。在休息做饭时，他从当地干部口中得知独石口日伪据点防守严密，而崇礼境内的狮子沟伪警察据点防守松懈，便立即决定改变计划，率队奔袭狮子沟。第二天黎明战斗打响，用了两个多小时，击毙日本指挥官渡边，端掉了据点，俘虏了伪警察署长在内的30多人，缴获机枪1挺、步枪30多支、战马40多匹。

回到中心区后，段苏权用缴获的马匹和枪支，组建起了平北军分区第一支骑兵部队——平北游击支队骑兵队。

段苏权对骑兵队的成长倾注了极大的关心，部队不断壮大，到年底，成为骑兵大队，是开辟坝上草原根据地的主要武装力量。1942年5月，段苏权到毛东庙去看望骑兵大队时，得知日伪骑兵由3辆装甲车开路，从宝源县城向附近八团驻地炮台营子开去。段苏权亲率骑兵大队立即前去引开敌人的装甲车，减轻八团的压力。骑兵在草原上虽有一定战斗力，但与装甲车比起来却毫无优势可言。骑兵大队为了牵制住敌军，边打边往南边山地撤，一路厮杀了一个多小时，才进到二三十公里远的一个坡度较大的山地，摆脱了装甲车的纠缠。天黑了，段苏权担心着八团的安危，不顾一天战斗的疲劳，带着骑兵大队连夜寻找，终于在第二天清晨与八团会合。两军会合不久，日伪装甲车和骑兵又来了。段苏权指挥两支部队协同作战，骑兵负责对付装甲车，步兵对付敌人的骑兵。这次战斗从清晨打到黄昏，他们始终没让敌人占据上风。对方见不好对付，便悻悻而退。最终，日伪军在“扫荡”了28天却毫无所获后不得不草草收场。

▼ 攻坚克难　反攻胜利

日军的反复“扫荡”使平北根据地陷入极端困难中。1943年2月，中共北方分局作出《关于三年来平北工作总结的决定》，将平北划分为两块，成立平西地委领导下的平北地分委和平北支队，由段苏权担任平北地分委书记兼支队政委。段苏权领导军民进行村政权改造，广泛开展政治思想工作，扭转“重军事、轻政治”的倾向，开展“以革命的政治优势对付反革命的政治攻势”斗争，打击和瓦解敌伪，使平北军民在各项斗争中逐步赢得主动权。经过一年的艰苦斗争，平北抗日根据地不仅收复了1942年失去的地区，还新开辟了两个地区，恢复与再建政权415个，新开辟村庄273个，完全扭转了斗争的被动局面。

深秋的夜晚，年仅27岁的段苏权静静地坐在办公桌前，认真翻阅着来自前线的喜讯和北方局发来的贺电。经过几年的艰苦历练，他已更加成熟和稳健。这时的他，除了高兴，更多的是冷静的思索：日寇还在疯狂肆虐，战争并未结束。他起身走到军用地图前，又布下了下一步战斗的棋局。很快，猴儿山战斗、南梁战斗、拔除三岔口据点、光复崇礼……一场场胜利

接连而来。段苏权和平北干部、军民一起迎接大反攻的到来。

1945年8月12日，正在指挥部队围攻赤城的段苏权，接到冀察军区转来的聂荣臻、萧克、刘澜涛等从延安发来的联名电报，说苏蒙联军可能直取张家口，要求平北军分区察蒙骑兵沿库伦大道与苏蒙联军会合，同时做好进攻张家口的准备。这是个激动人心的消息！

由于起初与苏军接洽不太顺利，8月20日清晨，平北部队单独打响了收复张家口的第一次战斗。十团和四十团英勇战斗，很快控制了张家口市区清水河以东地区，占领了榆林机场、火车站。21日，段苏权接到詹大南的电报说苏蒙联军在狼窝沟进攻受阻，要求按原计划行动。第二天，收复张家口的战斗再次打响。由上午激战至下午7时，战斗进入胶着状态，段苏权下达全体撤退命令，大量日军趁机连夜逃离张家口。当晚，段苏权接到十团报告称发现大批日军马匹和军用物品，推测是日军可能已全部撤走而遗弃下来的，便命令部队立即向张家口发起第三次攻击。果然，日军已基本全部撤离，张家口的伪军见大势已去，无心再战，举手投降。张家口胜利收复。

8月24日，苏军库兹涅佐夫上校驱车从张北来到张家口，向平北军队表示祝贺，段苏权陪同巡视了张家口。张家口是八路军依靠自己的力量从日伪手中解放的第一座省会城市。

八路军收复张家口

【史迹寻踪】

平北抗日战争纪念馆

位于延庆县龙庆峡平北抗日烈士纪念园内，1997年7月建成开馆。纪念馆分为序厅、影视厅、展厅三大部分，展厅里陈列着1933年至1945年平北军民使用的武器、生活用品以及书籍、照片等物品，近200件文物，再现了当年抗日军民与敌人英勇战斗的场景。

1940年5月

陈辉

明日红旗荡尘埃 一身诗意铸琼台

杨华锋

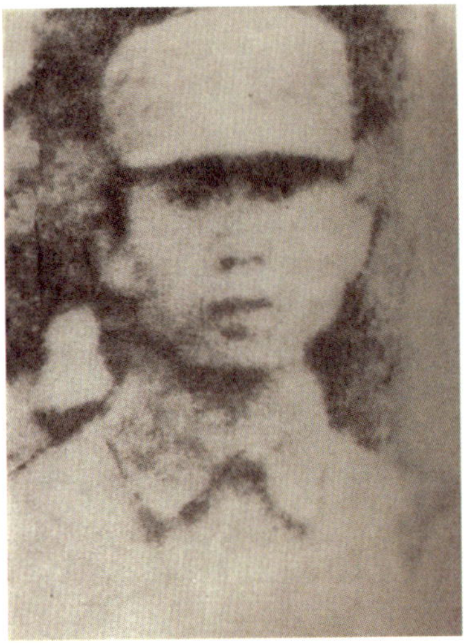

【人物小传】

陈辉（1920—1945年），湖南常德人，抗战时期著名青年诗人。1937年加入中国共产党，1938年从湖南奔赴革命圣地延安，进入延安联大学习。1939年9月分配到晋察冀通讯社工作，1940年5月历任平西区涞涿县青救会主任、区委书记、县委执行委员、县武工队政委等职。1945年2月8日壮烈牺牲，年仅24岁。

▼ 要用诗样的生命 为祖国燃烧赞美

“英雄非无泪，不洒敌人前，男子七尺躯，愿为祖国捐。英雄抛碧血，化为红杜鹃，丈夫一死耳，羞杀狗汉奸。”这是刻在陈辉墓碑上烈士留给我们的遗诗，发人深省，震人心魄，真实地表达了诗人崇高的革命情操和英雄形象。

1938 年，陈辉奔赴革命圣地延安，进入延安联大学习，开始了用诗歌战斗的革命生涯。毕业后，被分配到晋察冀通讯社当记者，写了大量揭露日寇侵略罪行的消息、通讯和诗。

陈辉用诗表达生命的崇高境界。他在《为祖国而歌》的诗中写道：“祖国啊，你以爱情的乳浆，养育了我；而我，也将以我的血肉，守卫你呵！也许明天，我会倒下；也许在砍杀之际，敌人的枪尖，戳穿我的肚皮——祖国呵！在敌人的屠刀下，我不会滴一滴眼泪，我高笑，因为呵，我——你的大手大脚的儿子，你的守卫者，他的生命，给你留下了一首无比崇高的赞美诗。”这无疑也是陈辉的誓言，他以自己的行动实现了誓言，为祖国留下了一首“无比崇高的赞美诗”。

他把诗看作是革命的重要武器，写道：“在极残酷的斗争里，我举起诗的枪刺，要把我的生命，我的爱情，燃烧的发亮，一直变为灰烬——永远为世界、人民、党而歌。”因此，他用自己的生命来写诗，他写道：“诗是我的生命，我的生命就是诗。”

他短暂的一生，给我们留下了一万多行诗，这些诗都是有力的战斗武器。早在联大学习时，民先队墙报上就发表过陈辉的诗。后来在敌后战场，他写的不少诗被刊登在《诗建设》上。他把街头诗、诗传单写在敌后乡村的墙上，或者刻成蜡纸油印出来，撒在战斗前线或者是敌人的据点、碉堡里，鼓舞军民的抗战斗志。

新中国成立后，他的诗歌广泛流传。陈辉诗集《十月的歌》收入 40 多首诗，17 万余字；《革命烈士诗抄》选入他的《献诗——为伊甸园而歌》等；《晋察冀诗抄》选入他十几首诗；《陈辉传记》中引用他不少诗。1981 年，日本教授把他的诗集《十月的歌》译成日文，传到国外。

▼ 坚决要求赴前线 文武双全“神八路”

面对日寇侵华，陈辉眼前不时闪现出被日寇杀戮的中国百姓的惨状，他心如刀割，决心到前线去。他接连递上两份请战申请书。领导考虑他是“笔杆子”，又不习惯北方战争环境，开始没有同意。他表示：“我是劳动人民的儿子。为人民的利益，我将时刻准备为他们战死，把自己投到战火最残酷的地方去！”经过再三请战，陈辉奔赴前线了，来到对敌斗争极其残酷的地方——平西地区涞（水）涿（县）县——华北抗战前线的重要组成部分。

刚开始，陈辉在县青年救国会宣传动员、发动群众，办青年干部培训班，组织青年游击队，参加抗击日寇的反“扫荡”战斗。1942 年，陈辉随着武装工作队，来到拒马河畔，除奸反特，反抢粮，发展党组织，开辟敌后根据地。

1943 年，陈辉被任命为四区区委书记兼区武工队政委。此时，在日寇“一家窝匪杀全家烧全村”的白色恐怖口号下，四区斗争异常残酷。陈辉和区长研究制定“依靠广大群众，消灭日寇汉奸”的计划，决定召开“绅士会”，做好抗日救国统一战线的工作。

【知识链接】

《十月的歌》

系陈辉的诗歌遗稿。诗是陈辉的生命，也是他服务人民的工具，对日伪斗争的锐利武器。在战火中，他写过简短有力的“墙头诗”，也写过扣人心弦的“诗传单”，达万行以上。他为祖国而战，为人民而歌。他的诗一部分由他的战友保存下来。1958 年，中国作家出版社从保存下来的他的原稿中选诗 40 多首、17 万余字，由著名诗人田间作序，集印成诗册，名为《十月的歌》。

开会日期快要到了，但是有两位影响较大的人物因在县城没能通知到。陈辉坚定地说：“我到县城内走一趟！”区长摇摇头说：“这太危险。”考虑到斗争需要，陈辉带上通信员，穿上武工队获得的日军军装，骑上战马，向涿县县城奔去。

上午 9 时许，县城南门缓缓打开，陈辉随着进城卖菜卖粮的农民，步入城门。

“站住！”几个伪军手端刺刀，领着猎狗，蹿了过来。

陈辉没理会他们，扬起右手，伸出两个指头，晃了两晃。这是日军那天的手令。陈辉进入涿县县城，面见两位绅士。这两位乡绅见到陈辉，很吃惊，非常感动，表示“绝不能耽误”。这期间，几番盘查，差点出事。在通信员的再三催促下，陈辉才决定出城。

望着涿县县城内辽代所建的巍峨双塔，陈辉激情澎湃，写下了《双塔诗》：“双塔昂首迎我来，浮云漫漫映日开。千年古色凝如铁，一身诗意铸琼台。涿郡胜状留人叹，张侯豪志潜胸怀。今朝仰拜晴斓面，明日红旗荡尘埃。”署名是“神八路”。

伪县长面对诗文，十分惊恐。手下人报告八路军中有个“双手能打枪，双手能写梅花篆字”的能人。

绅士会如期召开。晋察冀通讯社通报表扬道：“陈辉是一个十分勇敢的战士，善于拿笔，也善于拿枪、用手榴弹。”

▼ 遭叛徒出卖包围　流尽最后一滴血

1944 年底，为了准备对日军实行全面反攻，平西区党委对武工队的活动范围做了调整，把陈辉所在武工队在平汉铁路以东的新开辟区交给冀中第十军分区领导。1945 年 1 月下旬，陈辉从平汉路东回到路西。

1945 年 2 月 8 日，他由于上吐下泻，没能和其他武工队员一起转移，住在韩村休息。叛徒发现了他的行踪。日伪军 100 多人迅速赶到韩村，悄悄包围了陈辉住的小院。天刚亮，房东大娘为他做了碗面条，陈辉刚端起热气腾腾的饭碗，特务就闯进了屋子，枪口对着陈辉说：“陈辉，你跑不了啦！”

趁着放饭碗的刹那间，陈辉顺手抓住身边的手枪，“叭”的一枪，打中一个特务的手腕，两个特务慌忙退出屋子。接着，陈辉和通信员小王连续向特务射击，迫使他们连滚带爬逃出了院子。

这时敌人已将小院重重包围，陈辉和小王坚守在窗户一侧英勇抵抗，不准敌人靠近。战斗持续了一个小时之久。后来一颗手榴弹从窗口扔进来，陈辉左腿负伤。他对通讯员说：“在屋子里挨打不是办法，只要冲出去，翻过墙头，外面就是树林、河套——”接着，他俩扔出两颗手榴弹，乘烟雾冲出西屋，由于敌人火力密集，无法翻越墙头，只好进入北屋。一个进了东耳房，一个进了西耳房。

院子里的的敌人喊道：“拿手枪的是陈辉！”“他在东耳房。”于是，敌人挖开了东耳房的屋顶，点着了一捆捆的玉米秸往里扔。室内烈火腾腾，已无容身之地，陈辉的衣服、头发被烧着。他拖着流血的伤腿，坦然走出东耳房，摔碎了没有子弹的手枪，冲着房顶上的敌人喝道：“你们来吧！”

原先跑出院子的那两个特务，为抢头功，早已守在门口两侧，立刻蹿过来抱住陈辉的后腰。陈辉使出全身力气，踢打了两个特务，拉响了藏在腰间的最后一颗手榴弹。年仅 24 岁的陈辉，倒在了血泊中，把年轻的生命献给了伟大的祖国。

1940年6月

邓玉芬

抗日母亲明大义　七位亲人献疆场

曹　楠

【人物小传】

邓玉芬（1891—1970年），出生于北京市密云县水泉峪村，后嫁到密云县张家坟村，一生务农。抗日战争和解放战争中，她舍家纾难，先后献出了丈夫和儿子共7位亲人，被当地人民誉为“当代的佘太君”。1970年2月5日病逝，享年79岁。

▼ 避免暴露　棉絮堵嘴

1944年春天，日本鬼子为了肃清丰滦密“无人区”的抗日力量，发动了疯狂的“扫荡”。日伪军围住密云县猪头岭一带，白天山上搜，夜晚山上住，一折腾就是7天。母亲背着最小的儿子躲进山洞里，山洞阴冷潮湿又没有吃的，孩子生病啼哭不止。正巧敌人搜山，如果被敌人听到发现，不仅母子二人会丧命，更严重的是旁边山洞里还隐藏着区干部和乡亲们，必然会给

他们带来杀身之祸。眼看敌人就要搜过来了，母亲情急之下从破棉袄里扯出一团棉絮，一狠心塞进孩子嘴里。孩子拼命挣扎，母亲紧紧搂住他，并死死地捂住孩子的嘴，敌人一步步靠近，儿子在母亲的怀里一点点变软……不知过了多久，敌人终于下山了，但孩子已经脸色青紫，呼吸微弱。母亲焦急地摇着孩子呼唤着孩子，好半天孩子才缓过气来，微弱地吐出几个字：“妈，饿，饿……”

母亲的心碎了，她多想下山给儿子找口吃的啊，可是她不能这么做，她要顾及藏在附近的干部和乡亲啊。就这样连个大名都没有取的年幼儿子连病带饿地死在了母亲怀里。

【史迹寻踪】

邓玉芬雕塑主题广场

为了传承邓玉芬的伟大爱国精神，2012年12月，邓玉芬雕塑主题广场在她的家乡密云县石城镇张家坟村正式建成开放，用以纪念和缅怀这位英雄的母亲。

儿是娘身上的肉，这割肉之痛痛彻心扉。这就是在危难面前选择大家舍弃小家的伟大母亲，这就是在国难当头毁家纾难奉献亲人的苦难母亲。她就是本文的主人公——邓玉芬。

邓玉芬1891年出生在密云县云蒙山深处的水泉峪村，未成年就嫁给了本县张家坟村的任宗武。婆家也是穷苦的庄稼人，房无半间，地无一垄。婚后她和丈夫借住在亲戚家，靠租种地主的几亩地过活，含辛茹苦地先后养活了7个儿子。1933年长城抗战失败后，日本侵略者把邓玉芬的家乡强行划入了伪满洲国。为了糊口，她家被迫搬到张家坟村东南的猪头岭山上，开荒度日。

▼ 响应号召　送儿抗日

1940年，八路军十团挺进密云西部山区，开辟丰（宁）滦（平）密（云）抗日根据地，猪头岭来了八路军。

邓玉芬听人宣讲八路军抗日的道理，字字句句说在她的心坎上，越听心里越敞亮。这些话使她懂得了穷苦人只有拿起刀枪打鬼子，才能挽救国家拯救自己。

【知识链接】

丰滦密“无人区”

1941年10月4日，伪满和伪华北万余日伪军联合对丰滦密抗日根据地进行大“扫荡”，开始制造“无人区”。伪满敌人将东起半城子、西至渤海所、南从白道峪、北至于营子，东西南北各约60公里的长城沿线地区划为“无住禁作地带”（即无人区）。在这一地带，居民统统被赶进指定的“部落”，“部落”外不许住人，不许种地，日军见人就杀，见房就烧，见物品就毁。敌人制造“无人区”虽给抗日斗争造成严重困难，但在中国共产党和抗日政府领导下，“无人区”抗日军民顽强不屈坚持斗争，终于粉碎了敌人企图消灭抗日力量、摧毁丰滦密抗日根据地的罪恶计划，赢得了抗战胜利。

6 月，十团组织游击队。邓玉芬和丈夫商量：咱没钱没枪，可是咱家有人。在打鬼子这件事情上，绝对不能含糊。就叫儿子打鬼子去吧！于是邓玉芬的大儿子永全、二儿子永水成为白河游击队的首批战士。9 月，三儿子永兴受不了财主的欺压跑回家来，邓玉芬知道游击队正缺人手，毫不犹豫地又把三儿子送到白河游击队。

1941 年底，日本侵略者实行“三光”政策，制造“无人区”。邓玉芬响应党的号召，开展反“无人区”斗争。她叫丈夫把在外扛活的四儿子、五儿子找回来，让他们在环境最残酷的时候，参加了抗日自卫军模范队。

1942 年 3 月，抗日政府发出了“回山搞春耕”的号召。邓玉芬和许多山地群众决定重返“无人区”。她让丈夫先回山里搭窝棚，自己随后就到。谁知丈夫走后没几天，竟传来噩耗：丈夫任宗武和四儿子永合、五儿子永安，种地时遭日军偷袭，丈夫和五儿子同时遇害，四儿子也被抓走了。一夜之间，父子三人死的死，抓的抓，作为妻子，作为母亲，怎能不悲痛欲绝！然而，坚强的邓玉芬没有被吓倒，更不会屈服。亲友们劝她不要回去，“无人区”里太危险。她摇摇头，拉起两个小儿子，坚定地对他们说：“走，回家去。姓任的杀不绝，咱和鬼子拼了！”她又回到了猪头岭，拿起丈夫留下的镐头，没日没夜地开荒种地。

▼ 烧水做饭　照顾伤员

国难当头，人命如蝼蚁，苦难的事情接二连三无情地发生在这位母亲身上。1942 年秋，大儿子永全在保卫盘山抗日根据地的一次战斗中英勇牺牲。

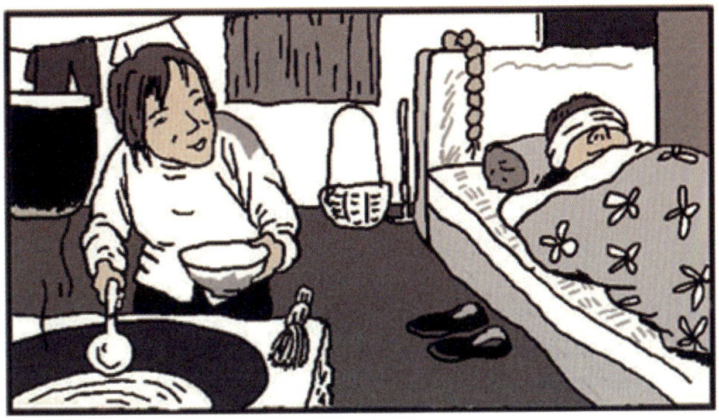

1943 年夏，被抓走的四儿子永合惨死在鞍山监狱中。同年秋，二儿子永水在战斗中负伤回家休养，因伤情恶化无药医治死在家里。

白发人送黑发人，面对沉重打击，玉芬都咬牙挺住了。她的家成为八路军和伤员的经常性住所，干部战士到了她家，就像到了自己家一样。她把战士们当成了自己的亲儿子！她为八路军烧水做饭、缝补衣服，为伤员接屎接尿、喂汤喂药。她和家人以粗糠、树叶、野菜充饥，把省下来的粮食送给八路军。

▼ 坟头痛哭　思念家人

1944年春，日伪军为了肃清“无人区”的抗日力量，围住猪头岭一带，一连折腾了7天7夜。小六儿跑丢了，她背着刚满7岁的小七儿躲进一个隐蔽的山洞里。不幸又再次降临在这位母亲头上，正如文章开头介绍的那样，她眼睁睁地看着幼子死在怀里，自己却无能为力，对于一位母亲来说这是多么致命的打击啊！她撕心裂肺地坐在小七儿的坟头痛哭，这哭声痛彻心扉，让人心碎。这哭声既是对小七儿的亏欠，更是这位母亲对她已故去的诸多儿子的怀念。

1945年8月15日，日本帝国主义投降了，中国人民胜利了。玉芬眼噙泪花，告慰九泉之下的丈夫、大儿、二儿、四儿、五儿、七儿，咱们胜利了！

1946年7月，国民党反动派又发动了内战。邓玉芬又做出一个重要的决定，送六儿子永恩参加了县支队。1948年在攻打黄坨子据点的战斗中永恩壮烈牺牲了。他立了功，却永远不能回来见妈妈了。

7位亲人走了，一个人丁兴旺的家庭就这样散了。古有杨家将佘太君，7位亲人先后为国尽忠。今有密云邓玉芬，她和佘太君一样，为了保卫家国，献出了7位亲人的生命。

1940年6月

侯仁之

爱国学者爱国志　一片丹心映北平

陈丽红

【人物小传】

侯仁之（1911—2013年），生于河北枣强县，原籍山东恩县。中国著名历史地理学家，中国科学院院士。1932年入燕京大学历史系学习，1940年获燕京大学硕士学位。毕业后留校任教，同时任学生生活辅导委员会副主席，抗战期间曾帮助3批燕大学生转赴根据地。1941年太平洋战争爆发被捕。1946年至1949年赴英留学，回国后任燕京大学兼清华大学教授，1952年起执教北大。

“活北京”“北京活化石”、中国“申遗第一人”……这些是研究了大半辈子北京历史地理的侯仁之所获的赞誉。他倾毕生精力，研究解决了北京城市起源、城址转移、城市发展等问题，对北京旧城改造、城市规划及建设做出了重要贡献。而他与北京城的渊源还不止于此，时光将我们带回七八十年前的那段峥嵘岁月。

▼ 留校任教　兼负“进步生”辅导

1931 年九一八事变爆发，20 岁的侯仁之从河北老家转学第一次来到北平。第二年，他如愿考入燕京大学历史系，4 年后毕业留校继续攻读硕士。1937 年北平沦陷，众多高校纷纷停办、南迁或西撤。但燕大没有迁校，为免遭日寇骚扰，学校悬挂美国国旗，使侯仁之这样身处沦陷区的学生们能有继续接受高等教育的机会。

1940 年 6 月，侯仁之在燕大完成了硕士学业，决定留校任教。一天，校长司徒雷登把他叫到办公室，说：“侯仁之，你在学校已经有 8 年之久，对学校情况了解，现在学生在日本宪兵的包围之下有很多问题必须要解决，你在学校这么久了，和学生来往很多，希望你除了教课之外，兼做学生生活辅导科的科长。”侯仁之当时只愿教书不愿做行政，便决定考虑后再答复校长。他找到自己的硕士导师洪煨莲征求意见。洪老师认为这是爱国的事情，且能帮助同学成长，建议他请美国教授夏仁德一起组织一个委员会来做这件事。侯仁之把这个意见反馈给司徒雷登，他完全同意。

燕京大学学生生活辅导委员会全体委员合影

很快，燕大成立了学生生活辅导委员会，夏仁德为主席，侯仁之为副主席，主要协助解决学生学习生活上的各种问题。后来，侯仁之发现有一些来找他的学生表示愿意到内地去抗战，有的还要参加八路军，且愿望非常强烈。

▼ 密送学生　奔赴抗日根据地

这时，侯仁之的朋友、原燕大学生陈杰从延安回到了燕大。他此次回校名为读研究生，实际上是从事中共地下工作。了解情况后，陈杰对侯仁之说：“你这个任务很重要，发现有激进思想的学生，要参加抗战、想当八路的，就想办法告诉我。”之后，侯仁之便开始了与陈杰的“单线”联系。

从 1940 年冬天到 1941 年夏天，在这半年多的时间里，经侯仁之具体联系，由陈杰安排，从燕京大学转送到根据地的学生总共有 3 批十几人。前两批先是从学校走着出发，走小路翻过西山，到达平西妙峰山脚下冀热察挺进军司令部所在地。到第三批学生走时，改为先坐火车到磁县，然后从磁县步行到西山，再转入根据地。

经秘密交通线转送人员是一项危险而缜密的任务。为避免泄露行动计划，按照陈杰的叮嘱，侯仁之是在每次出发前一天的晚上，才通知到要走的学生。出发前，要求大家随身带一点吃的东西，打扮成去野外郊游的样子以避人耳目。接到出发的通知后，就要立即动身。

有一次，第二天要出发了，侯仁之在前一天晚上学校熄灯前通知那些要走的同学，并告诉他们：“明

【史迹寻踪】

燕京大学

近代中国最著名的教会大学之一，于 1919 年由 4 所英、美基督教教会联合于北京开办，司徒雷登为首任校长。在中共地下党的领导下，燕大师生积极参加爱国民主运动，如三一八运动，“一二•九”运动，反饥饿、反内战运动等，并从中发挥了先锋或骨干作用。抗战爆发后坚持在北平办学，成为向抗战大后方和敌后抗日根据地输送大批爱国人才的基地。新中国成立后由政府接管，1952 年全国高校院系调整，北大迁入燕大的校址，燕京大学就此终结。其旧址即为现北京大学校址（早年称燕园）。

天早上8点钟，在学校机器房照例鸣汽笛的时候，准时到达前去颐和园途中的挂甲屯村，在那里就会看到有个农民装束的老乡迎面走来，就可以问他：‘老乡，去圆明园怎么走？’如果他回答说：‘我们是同路的。’那就证明是带路人。他答完话后就转向路北一条石板道，顺着达园的西墙，向圆明园走去，这时就要隔开一定的距离跟着他，一直进圆明园。”中共地下党组织把学生送到西山温泉游击队，再由华北抗日根据地把人接走，有的经西安最终到达延安，有的直接奔赴抗日前线。

▼ 现身明处　不惧日寇气节高

1941年12月7日，以日本偷袭珍珠港为开端，日美之间爆发战争，美国国旗护佑下的燕大不再安全。

12月8日是个星期一，侯仁之还像往常一样早晨骑着车赶去上课，远远地就看到校门口站着一些日本兵。见此，侯仁之心想：肯定出大事了，还是先回家再说。可是还没骑到家，他就远远地看到家里的保姆斜倚在大门边上，不断地冲他摇手。侯仁之直觉有情况发生，随即调转车头，躲到了附近燕大附中一位老师家中。结合学校和家里的情形，侯仁之心下纳闷：到底发生了什么事？此时的他，还不知道太平洋战争爆发了。

等了一个时辰左右，也听不到有任何动静，侯仁之坐不住了，他就请那位老师打发他的小女儿去自己家里探情况。女孩回来后说一切如常，侯仁之便立刻赶回家中。到家后才知道，他早上刚离开，几个日本宪兵和伪警察就闯进了他的家里，要询问他对日本和美国战争的看法。

第二天，侯仁之的妻弟带来消息，说日本兵已经占领了燕大校园并下令学生们离开，他和几位同学没有地方去，想搬到侯仁之家里来。侯仁之安排好妻弟，跑到学校正门去查看情况，正好碰到同学王钟翰。王钟翰拉住他说：“你怎么还站在这里！日本宪兵队已经开始抓捕人了，还有人说你也被捕了，还不赶快离开！”侯仁之镇定地回到家中，以为日本人会来家里抓人，等了几天并没有动静。

于是，他准备到天津的岳父家去，找个清静的地方继续自己的研究写作。临走前，他嘱咐妻弟："如果日本宪兵来家找我，就把我在天津的住址告诉他们，意在说明我并不是想躲起来，要想捕人，我在明处。"之后没有几天，日本人果然就到天津将侯仁之逮捕。

▼ 被捕入狱　同教师与敌智斗

被捕后，未经任何审讯，侯仁之便被关押在沙滩北大红楼日本宪兵队总部地下室里，在那里他见到了燕大的许多老师和同学。入狱的第三天早上，一个扫地的走来悄悄投给他一个纸团。侯仁之展开一看，原来是洪老师口拟、同学刘子健执笔写给他的字条，内称：他已过完堂了，与洪老师同押一室，并叮嘱侯仁之，过堂时"先侦察思想，后侦察行为。务要避实就虚，避重就轻。学生西游之事，似无所闻"。

字条中的"西游"是暗语，所指便是转送学生到根据地的事情。因此，侯仁之有了心理准备。日本宪兵队根据搜集的情报，对燕大师生的审讯重点各有不同。好在日本人对侯仁之从事地下工作、掩护燕大学生参与抗日一事并无所闻，提审他时，审讯焦点是燕京大学办学的目的何在。侯仁之只说燕京大学是一所基督教大学，自己只是青年教师，无权过问学校的大事。

尽管在审讯中他的讲话多次被审讯的日本宪兵粗暴地打断，受到严厉的斥责与威吓，他还是机智地应付了过去，最后被定以"以心传心，抗日反日"的罪名并在口供上摁了手印。

在日本宪兵队羁押两个月后，日本人并没有查出这些燕大师生有什么地下抗日活动的证据，先释放了被捕学生，接着又相继释放了几名与全案关系不大的教职员。1942 年 2 月 10 日上午，包括侯仁之在内的其余 8 名教师被移往炮局监狱，听候军法审判，侯仁之是其中最年轻的一员，他在这里又被关押了 4 个多月，最终被判处徒刑 1 年、缓刑 3 年，取保开释，但无迁居旅行之自由。抗战胜利后，侯仁之便积极投身到燕大复校的工作中去了。

1940年7月

冯运修

书生枪手有勇谋　繁华闹市毙汉奸

刘　岳

【人物小传】

冯运修（1921—1940年），天津中日中学学生，父亲冯愰。1937年加入抗日杀奸团。1938年6月，参加火烧天津最大的百货公司——中原公司行动。1940年，考入北平辅仁大学；8月8日牺牲，未能入学。

▼ 总长外甥　身份掩护

1940 年 7 月 7 日这一天，是卢沟桥事变 3 周年的日子。日伪“北京”当局决定在中山公园召开“庆祝皇军圣战三周年”的庆祝会，大会由伪新民会的机关报《新民报》编辑局局长吴菊痴主办。

吴菊痴本是京城名票，与“四大名旦”之一的程砚秋交情也不错。他根据唐诗《新婚别》《兵车行》《陇西行》等，为程砚秋捉刀新编的历史剧——《春闺梦》（一说作者是金仲荪），堪称经典之作，是个十足的文化人。没承想，日军占领北平后，吴菊痴出任了汉奸报纸《新民报》编辑局局长，成了文化汉奸。得知这个消息，一支由青年学生组成的秘密地下抗日锄奸组织——北平抗日杀奸团，决定刺杀这个卖国求荣的汉奸，以示惩戒。

1938 年暑假后，“抗团”一些成员考入大学，其中宋显勇、方圻、范旭、黎大展考入燕京大学。于是，他们建立了“抗团”燕京小组。1939 年春，孙大成、李振英、周庆涑、郑统万等另外一些“抗团”成员也先后到北平上学。依托在北平的“团员”，建立了北平抗日杀奸团。之后，北平“抗团”秘密在育英中学（今北京市第二十五中学）、贝满女中（今北京第一六六中学）、志成中学（今北京第三十五中学）等校发展“团员”，扩大队伍。

针对这次锄奸行动，北平“抗团”负责人、北京大学工学院学生李振英（又名李汉成）安排了两个小组。一个小组由他和书生枪手冯运修组成，负责制裁吴菊痴。另一个小组由华北中学（今北京市第六中学）的刘永康、志成中学的叶于良组成，负责制裁陈辆子（因为身躯肥胖，外号“陈胖子”）。

冯运修长得又矮又瘦，表面上根本看不出是个枪手。他从一介书生变为刺杀汉奸的枪手，这还要“归功”于他的姨夫齐燮元。1937 年全面抗战爆发后不久，齐燮元出任伪中华民国临时政府“治安部”总长，后来又出任伪绥靖总署督办兼伪华北绥靖军总司令。齐燮元的外甥，这身份在平津地区可够“唬人”的，给冯运修的锄奸工作提供了“掩护”。他精明干练，在北平受壁胡同甲 12 号（老门牌）又有可靠的立脚点，所以不仅担当刺杀汉奸的枪手，也负责保管“抗团”的文件、枪械。

▼ 单手持枪　击毙汉奸

1940 年 7 月 7 日，“庆祝皇军圣战三周年”庆祝会结束后，吴菊痴、陈辆子又前往和平门外同和轩饭庄，出席著名评剧演员白玉霜招待新闻界的餐叙。李振英派刘永康进饭馆侦察。刘永康出来后觉得饭店地方小，容易误伤人，不方便下手。大家只好耐心等待。大约一小时后，也就是 21 点 30 分左右，吴菊痴和伪《新民报》女记者白洁如先出来了。同和轩饭庄给他二人每人叫了一辆黄包车，一前一后返回位于石驸马大街（今教育部街）的伪《新民报》报馆。

李振英、冯运修立即骑自行车尾随。行进中李振英压低帽檐，示意冯运修上前下手，自己在后接应。冯运修加快车速，紧紧尾随在黄包车的后面。也巧了，当黄包车到了南新华街土地祠门口时，正赶上刘王氏家里办丧事，给死者送三出庙，唢呐声、哭泣声响成一片。白洁如的人力车过去了，吴菊痴的人力车却被挡住了。按老理儿，死人比活人大。车夫周德立只得停下来，给送葬的队伍让路。吴菊痴、周德立的注意力都被送葬队伍吸引了。

冯运修见有机可乘，说时迟那时快，猛蹬两步，

靠近吴菊痴的黄包车，单手持枪，对准吴菊痴的脑袋连开两枪，然后

【知识链接】

抗日杀奸团

抗日杀奸团是 1937 年冬由天津爱国学生自发建立的一个秘密抗日锄奸组织，团训为“抗日杀奸，复仇雪耻，同心一德，克敌治国”。其成员多是天津耀华中学、南开中学、汇文中学等十几所学校的初、高中学生。一些成员出身名门望族，如伪满洲国总理郑孝胥的孙子郑统万、孙女郑昆仑，国民党孙连仲将军的儿子孙湘德、女儿孙惠书，民国元老、总理熊希龄的外孙女冯健美，达仁堂的大小姐乐倩文，等等。

迅速撤离，按原定计划绕回西四北家中去了。

冯运修使用的是俗称“掌心雷”的手枪，这种手枪专业名称是勃朗宁 M1606 袖珍手枪，枪长 114 毫米，比成年男子的掌心还短，只能装 6 发子弹，特别适用于刺杀，也叫“对面笑”。

隐约听到枪声，前面的白洁如回头一看，发现吴菊痴歪在人力车上，于是赶紧向日伪外二分局十四管段报告。伪警察马上用车将吴菊痴送往市立医院。结果刚到陕西巷南第九管段时，吴菊痴就一命呜呼了。在市立医院，经外科主任、日本医生宫下查验，吴菊痴左耳稍上部、下部各中一枪，子弹穿入脑中。

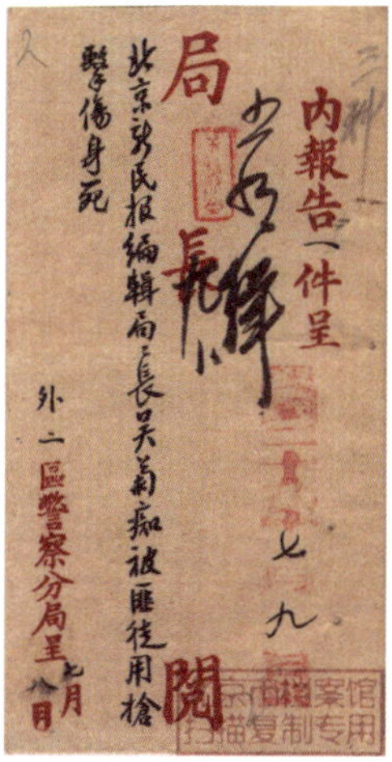
内報告一件呈
局長
北京新民报编辑局長吴菊痴被匪徒用枪击伤身死
外二區警察分局呈 七月八日
局閱

吴菊痴遇刺报告公函

由于担心日伪军警出动，李振英派王知勉通知刘、叶二人放弃行动，立即撤退，陈胖子意外捡了一条命。

吴菊痴被刺杀后，伪《新民报》社还为他出版了《吴菊痴悼念纪念册》，汉奸汤尔和为他撰写了挽联“壮志未酬”。汉奸的“壮志”最好“未酬”，否则中国人更得遭殃。

▼ 临危不惧　烧毁文件

刺杀吴菊痴的行动，给北平日伪当局很大震动，他们加紧了对“抗团”的侦破。1940 年 8 月，日军华北方面军特高课、北平宪兵队牵头，根本不和北平伪警察局联系，直接调动伪满洲国警察进入北平，躲过“抗团”的情报眼线，利用已经掌握的线索对“抗团”成员开始大逮捕。

1940 年 8 月 7 日凌晨，日本宪兵队包围了冯运修在受壁胡同甲 12 号的住所。警觉的冯运修发觉情况有异，立即起床，取枪走出卧室，将他保管的“抗团”材料、文件，拿到厨房进行焚毁。日伪军警破门而入，将他的父亲冯愰、弟弟等人捕获后，随即发现了藏在厨房里的冯运修，喊话叫他投降。冯运修不予理睬，继续烧文件。

日伪军警发觉后，冲向厨房，冯运修开枪还击。这时，伪警察局特务科科长、汉奸袁规想出了一个坏主意，将冯运修父亲冯愰推在前面挡子弹，逼近厨房。冯运修抬手一枪，正中探出半个脑袋窥视的袁规颈部，特务袁规应声倒下，后来被送到同仁医院救治，保住了一条狗命。

▼ 身中数枪　牺牲医院

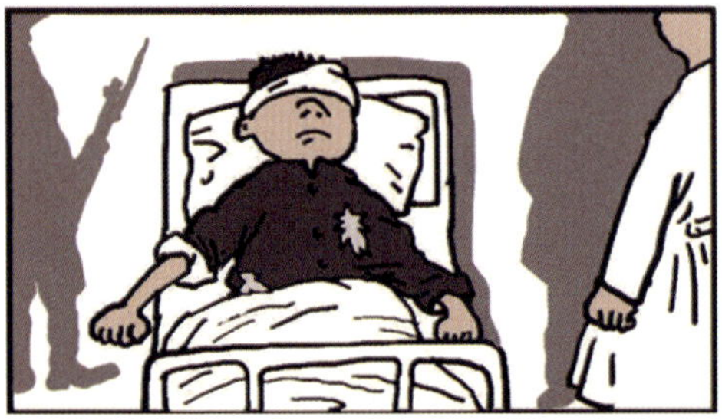

日伪特务一见这枪法，都不敢上前了，纷纷爬上院墙，一面劝降，一面射击。冯运修奋力还击。在日伪军警的枪声中，冯运修的枪声渐渐停止了。日伪特务战战兢兢地走进厨房，发现冯运修右手中弹，左手持枪，身中数弹，奄奄一息。

日伪特务在冯家院子里，搜出左轮手枪 3 支、勃朗宁手枪 1 支、子弹 28 发、电报机 1 台、短波真空管无线电收音机 1 台、无线电器材若干，还有电报密码、人名单、一捆信件等。

为了获取口供，日伪警察将冯运修送到南边不远的中央医院。此时的冯运修伤情严重、气息奄奄，已经不能说话了。1940 年 8 月 8 日夜，冯运修牺牲在中央医院。

冯运修，一位应该被后人记住名字的年轻爱国志士。

【史迹寻踪】

受壁胡同

冯运修曾经居住的受壁胡同，如今是西四北四条，位于西城区中部，东西走向，东起西四北大街，西至赵登禹路，全长 503 米、宽 5 米。明代称熟皮胡同、臭皮胡同，属鸣玉坊；清代属正红旗地界。1911 年谐音为受壁胡同。因地处西四北西侧北数第四条胡同，1965 年整顿地名时改称西四北四条。

1940年7月

陆平

九死一生反“扫荡” 开辟新区插敌后

乔 克

【人物小传】

陆平（1914—2002年），原名刘志贤，吉林长春人。1933年加入中国共产党，1934年至1937年在北京大学教育系学习。抗日战争时期，曾任中华民族解放先锋队全国总队部组织部部长，中共晋察冀分局青年工作委员会书记，中共冀察热辽区党委秘书长，晋察冀平西地委常委、宣传部部长，平北地委副书记、书记兼军分区政治委员。新中国成立后，曾任北京大学党委书记兼校长、中共北京市委委员等职。

▼ 初到平西　遇敌交手

1940年正是平西抗日根据地最艰苦的一年，日伪频繁对根据地进行“大扫荡”和实行经济封锁。陆平当时刚担任平西地委常委、宣传部部长没多长时间，却已是打游击、反“扫荡”的一把好手。他原来在晋察冀抗日根据地任中共晋察冀北方分局青年工作委员会书记时，就经历了多次反“扫荡”，并曾经组织和领导根据地青年抗日先锋队。来到平西以后，他过去反“扫荡”积累的对敌斗争经验更丰富起来。

7月1日这天，正是中国共产党成立19周年纪念日。陆平住在涞水的河东村，准备办个纪念活动，忽然有人来报告说发现日伪军“扫荡”部队已经到了白涧村，离这里很近了，得赶快转移。

陆平带着警卫员等一共6个人，就往村后的山上跑，紧跑慢跑，出村之后还是遇到了小股伪军，只好边交火边往山上跑，一个姓赵的科长胳膊负了伤，也顾不得包扎，捂着伤口继续跑。后勤部的张觉不慎被敌人乱枪扫中，当场牺牲了。

他们跑到山上后，天色快黑了，伪军怕中埋伏，不敢到山上去。陆平就在山上待了半宿，总算逃过一劫，第二天就迅速转移到别的山上。这次伪军如果包围了村子，他们一个人也跑不出来。日伪军的这次“扫荡”持续了将近3个月。他们兵分3路，起码有2000人，另外还有两个大队，相当于两个连的伪军作为机动预备队。而在河东这个地方的八路军只有70多人，敌我对比非常悬殊，斗争形势异常残酷。

▼ 藏身石洞　命悬一线

更危险的一次是在1940年10月1日，日伪军发起“扫荡”进攻，整个平西地委机关跟着萧克司令员一起转移，因为机关太大不便行动，就分开行动。陆平带着将近10个人到昌宛一带。在这近一个月期间，陆平又遇到了一次危险，一天，他被敌人包围在一个村子里。日军有一个中队约100多人，还有大量的伪军。在村子和周边的山头上到处都是日伪军，陆平等人被打散了。当时陆平身边只带着 3 个警卫员，他们边打边跑，跑着跑着，遇到一块大石头。这块大石头上边很平整，下边是空的，外边长满了杂草，他们几个人就钻了进去。4 个人都把子弹上了膛，做好了随时牺牲的准备，绝不能让鬼子抓活的。

敌人在山上到处喊着“抓陆平，要活的”。有的敌人还站在石头上高喊：“抓陆平啊！抓活的啊！”他们屏住气，端着枪瞄准敌人。敌人喊了半天，没有发现他们，就只好撤退了。当时真是生死悬于一线，这是陆平同志在敌人“扫荡”中遇到的最危险的一次。当年敌人像这样的“扫荡”，一年里能有好几次。

▼ 乐观作战　苦中作乐

日伪军“扫荡”平西时，肆意屠杀抗日根据地的军民，还趁机劫掠老百姓的粮食。由于那里山地多，群众少，队伍多，粮食本来就不够吃，反“扫荡”时他们常常几天都见不到一粒粮食，只能以野菜、黑豆充饥。

根据地的老百姓还经常主动给部队送粮食。紫石口村一位 60 多岁的老大娘，把仅存的一罐黑豆送给了陆平所在部队，说：“收下吧，我都是 60 多岁快入土的人了，活着也不能打鬼子，你们还年轻，不吃粮食怎么打仗啊！”萧克将军还用秤称粮食下锅，为的就是节省粮食。

陆平是个知识分子，抗战前曾在北京大学领导“一二·九”运动，农村生活的经验很少。他面对平西艰苦的反“扫荡”斗争，生死悬于一线，几天吃不上饭，还十分乐观，风流倜傥，一点也没有一些大城市人有的娇气。有一回，他带着武工队执行任务，风风火火地赶回来，正赶上伙房为了庆祝胜利炖了一锅肉，没碗，警卫员在老乡家的床底下找到一个瓦盆，洗干净了盛了一大碗肉，递给了陆平吃。几个月没有见过荤的，陆平接过来就吃。吃完了，大家开玩笑说，那可是老太太的尿盆。陆平呵呵一笑，毫不介意地说：“管它呢，肉香就得！”

▼ 计鹿会议 开辟新局

1941 年 8 月，日军调集 5 个师团、6 个混成旅和一部分伪军，共 10 万余人，在空军配合下，采取“分区扫荡，逐个歼灭”的方针和“梳篦式清剿，分进合击”的战法，分 13 路向晋察冀边区的北岳和平西地区进行大规模“扫荡”，企图摧毁晋察冀军区所在地，消灭八路军主力部队。十月份，平西军民历时两个多月的秋季反“扫荡”斗争胜利结束，两个月里进行了大小战斗 814 次，共消灭日伪军 7400 人，俘 600 余人。

反“扫荡”胜利后，陆平等地委干部回到了平西地委所在的计鹿村。环顾遍地焦土的村庄，老百姓的牛羊都被敌人抢去了，房子被烧了，年轻人都跑了，地委机关的住处也没有了。面对敌人频繁的“扫荡”和经济封锁，下一步该怎么办？

陆平等地委领导决定召开平西地委扩大会议，总结反“扫荡”的经验教训，研究巩固平西抗日根据地

【史迹寻踪】

北京植物园樱桃沟

“保卫华北”石刻

1935 年华北事变后，中华民族危在旦夕。12 月 9 日，北平数千名学生走上街头，举行了抗日救亡的示威游行。陆平积极投身其中，成为“一二·九”运动中北京大学学生领袖之一。1936 年暑假，北平学联在樱桃沟举办夏令营，清华、北大等学校的中华民族解放先锋队成员 200 多人在这里安营扎寨，学习抗日游击战。陆平和清华大学的赵德尊同学一起，在樱桃沟一巨石上用凿子刻下了苍劲的“保卫华北”4 个大字，如今这一石刻已作为“一二·九”运动的历史文物受到保护。

的对策。1941 年 11 月初，计鹿会议在村南洼空地上临时搭起的席棚子里举行，陆平起草了报告并致开幕词，李德仲做大会报告。参加会议的 100 多名同志群策群力，一致同意陆平的“到敌后去”的建议，建立两面政权，开展游击战，打破日军的封锁。

会议开了 5 天，决定要加强昌（平）宛（平）联合县永定河北的工作，成立中共房（山）宛（平）昌（平）工委和房宛昌县佐公署，把主力部队和地方武装干部分成 3 路到敌后去，并进行分工。第一路是北平的咽喉要道昌宛，第二路是米粮川、蔚（县）涿（鹿）怀（来），第三路是房（山）涞（水）涿（县）平原。当时昌宛地区情况比较复杂，敌人还在斋堂修了 3 个炮楼，危险大，群众基础也不太好。陆平主动要求把危险地区留给自己，把稍好一点的地区让给别人。

计鹿会议之后，平西的形势发生了根本转变。敌后武工队、锄奸队活跃在敌占区，深入敌后的 3 路队伍就像 3 把尖刀直插敌人后方，打乱了敌人的部署和经济封锁。不到 3 个月的时间，运入根据地的粮食就有 15 万公斤。经过一年多艰苦奋战，陆平领导下的昌宛地区抗日力量得到了极大的巩固，老百姓衷心拥护共产党，支援八路军的粮食也多了。

建立两面政权，开辟新区，使平西根据地形势发生了根本性的转变，八路军在平西牢牢地站稳了脚跟。

1940年7月

沈爽

拒绝担任伪县长　抗敌牺牲留英名

曹友林

【人物小传】

沈爽（1896—1942年），字子儒，满族，黑龙江省双城县镶黄五屯人。1931年九一八事变后，立志弃笔从戎，化名白涤非，组建起1000余人的抗日自卫军，自任司令。1933年，奉党的指示转移到北平。1937年七七事变后，他任国民抗日军参谋。同年12月，国民抗日军改编为八路军晋察冀军区第五支队，任参谋。1940年夏，调到中共平北地委做敌工工作。1941年11月，任丰滦密抗日联合县县长。1942年4月8日，在震惊平北的“臭水坑惨案”中，壮烈牺牲，时年46岁。

▼ 为抗日叔侄反目

1931 年九一八事变后，东北三省沦陷，在公立小学任教的沈爽再也无法安心教书。他辞掉教职，化名白涤非，经多方努力，拉起了一支 1000 余人的抗日自卫军，

活跃在黑龙江省双城县东西部地区，开展游击活动、攻打伪警察所、袭击日军巡逻队、镇压铁杆汉奸，给日伪统治造成很大威胁。日伪多次“清剿”不成，便想用高官厚禄诱降他们。敌人探听到这支自卫军的白涤非司令是本地人，便放出风去：如白司令率队归降，立即授予双城县县长之职。沈爽闻之淡然一笑，笑称：“让鬼子见他的鬼去吧。”但他的一些家人却心动了。一天，他的四叔来找他，劝其归顺。沈爽自小像对待父亲一样尊敬四叔，但这次却直斥四叔老糊涂。他斩钉截铁地回答：“咱是中国人，绝不能当亡国奴。侄儿抗日是为国尽忠，战死可以，投降不成！”四叔不死心，又劝：“听说你归顺了就当县长，这可是好事。抗日不缺咱一个，见好就收，当了县长也好光宗耀祖。”沈爽大怒，拂袖而起，斥道：“你心里要还有祖宗，就说不出这番混账话！我抗日难道是为了升官发财吗？要当汉奸县长你去当，我不稀罕！”说罢昂然而去，从此叔侄决裂。

▼ 扮先生径闯密云

1940 年 7 月，沈爽来到丰滦密联合县做敌后工作。当时，根据地初建，不仅敌特汉奸猖獗，而且缺少情报网，物资匮乏。要获取重要情报和购买军需物资，只有到密云县城去。这天，沈爽扮成教书先生，头戴礼帽，身穿长袍，暗藏手枪，来到密云县城西门。面对守城门的伪军盘问，他自称是教书先生，与县城大士绅苏

俊峰是亲戚，乡下闹八路，来县城谋点事干。伪军见他长相儒雅，神情淡定，没搜身就让他进了城。他打听到伪县政府要员苏俊峰家，径直而入，直接亮明身份，说明来意，并对其晓以大义，最后说："我今天不请自来，要抓我请便。只要不怕血溅厅堂，你家就是我的坟场！"苏俊峰本就是被迫做伪事，又被沈爽所讲道理和他的过人胆量所折服，答应帮忙。

沈爽在苏家住了几日，他接触了伪县政府、伪新民会、伪商会、伪警备队的一些人，做了大量的抗日宣传工作，获取了一些情报，然后大大方方出了城。

此后，沈爽又多次进出县城，购买药品、布匹等，还在伪职员、伪军中发展了一些秘密情报员。一次，他通过伪商会征收到一大笔救国捐款，塞满了两个点心盒子，他镇定自若，以走亲戚为由，大摇大摆地带出了城。

【史迹寻踪】

丰滦密联合县政府遗址

位于密云县西田各庄镇牛盆峪村。1940 年 6 月，以密云西部山地为中心的平北丰（宁）滦（平）密（云）联合县成立，办公地点设在牛盆峪村西北黄花顶，俗称"臭水坑"。1942 年 4 月 8 日，日伪军在此制造了震惊平北的"臭水坑惨案"，丰滦密联合县政府驻地被日军烧毁。1944 年 5 月，丰滦密联合县政府在旧址处为死难烈士建立了"卫国爱民"纪念碑。1983 年 9 月，此地被公布为密云县文物保护单位。

▼ 披肝胆策反敌伪

沈爽注重对伪军、伪组织的瓦解工作，不放过任何可利用的机会。1940 年底，沈爽了解到密云县伪警备大队中有个中队长叫张博，河北沧州人，穷苦出身，他的部队很少祸害百姓。沈爽便通过县城内的关系约其见面。两人见面后，张

博方知眼前人是八路军，很紧张。没想到沈爽开口就肯定了他不与鬼子汉奸一道祸害老百姓，是个有良心

的人，接着表明此来只是谈谈心，交个朋友。疑虑消除后，二人谈了很久。沈爽从日本入侵谈到中国人民的苦难，从抗日救国谈到八路军的所作所为，从民族大义谈到怎样做才算是堂堂正正的中国人。话到深处，说得张博痛哭失声。从此二人成为朋友，张博向沈爽提供了很多有价值的情报，并在沈爽进出县城时提供掩护。过了一段时间，沈爽觉得条件成熟，便劝说张博弃暗投明，张博也有此意。1941 年 8 月，在十团的接应下，张博率本中队 70 余人借跟随日军“扫荡”之机，携两挺机关枪、数十支步枪于战场起义，加入八路军十团。

▼ 自饮弹宁死不屈

1941 年 11 月，沈爽被任命为丰滦密抗日联合县县长，上任后正赶上日伪军对丰滦密进行两个月余的“万人大扫荡”。日伪施行惨无人道的“三光政策”，以所谓“民匪隔离”为目的集家并村修“人圈”，制造了方圆 100 余公里的丰滦密无人区，使根据地抗日斗争面临了空前严酷的局面。为稳定民心，沈爽要求干部县不离县，区不离区，村不离村，“哪怕只剩了一个村庄，一个山头，也要坚持到最后胜利”。

1942 年 3 月底，沈爽率县政府和十团团部一起隐蔽在黄花顶山下一个叫臭水坑的地方，由于居住日久，被敌人发现。4 月 8 日，1000 余名日伪军突然包围了臭水坑。听到报警枪声，沈爽立即命令将机密文件埋掉，然后指挥干部战士突围。但敌人太多，封住了所有出口，他们只能且战且退，一直退到东沟的东北角，被悬崖拦住。沈爽和警卫员背靠背对敌射击，一直打到只剩最后一颗子弹。沈爽对警卫员讲：“出去告诉同志们，多大困难也要坚守住我们的根据地。”然后枪顶头部扣动了扳机，饮弹自戕。

战后，残忍的敌人将他的头颅割下，悬挂在大水峪据点示众，妄图震慑抗日军民。但适得其反，沈爽的牺牲精神和临终嘱托激励着丰滦密抗日军民更加顽强地斗争，直至取得抗战胜利。

1940年秋

杨金花

海坨“金花”智斗敌　九死一生护文件

熊根琪

【人物小传】

杨金花（1909—1992年），延庆海坨山五里坡村人。1940年加入中国共产党，并担任南碾沟村妇救会主任，组织妇女群众，积极参加抗日活动。新中国成立后，担任南碾沟村妇联主任，曾多次被县、乡评为“模范共产党员”。后因村庄整体搬迁，杨金花一家从南碾沟村迁至延庆县靳家堡乡（现属张山营镇）苏庄村。1992年去世。

从延庆县城上北山，经五里坡，翻过山顶，即到海沟，是海坨山东部帽子山下的南碾沟。如今，这个小村庄早已搬迁，只有一块大碾盘躺在草丛中，一座纪念碑亭立在远处的山边。

▼ 海坨山中一枝花 妇救主任杨金花

1940年秋，八路军冀热察军区平北军分区司令部转战海坨山东麓五里坡、海沟等深山区，司令部就驻扎在南碾沟村，以大海坨山为依托，创建根据地，组织群众开展抗日游击斗争。

不久，杨金花加入党组织，成为海坨山地区最早的共产党员，并被推选为南碾沟村妇救会主任，带领妇女们为部队做军鞋、军装、军被，担负护理伤员、传送情报、站岗放哨等任务。

1943年，日军纠集6000余日伪军，自张家口等地连夜出击，奔袭赤城、龙关、延庆、怀来等地，封锁平北抗日根据地的各个要道山口，进行“铁壁合围”，实行“毁灭扫荡”。

9月15日晚，从五里坡传来情报，日伪军进了山谷，正向南碾沟进攻，情况十分危急。平北军分区司令部当即决定，除留小部分队伍坚持内线作战外，主力部队向北转移，村民向东沟隐蔽。

▼ 接受任务护文件 四处安排巧掩藏

转移工作安排就绪后，司令员覃国翰突然将杨金花叫来，说：“大嫂，这些日子叫乡亲们受累了！”杨金花爽快地回答：“司令员，不能这么说，俺山里人压根儿就不知道啥叫累。帮部队做点事，是应该的。”

她略犹豫了一下，接着问：“司令员，情况很紧急吗？”

覃国翰点点头，郑重地说："大嫂，托你一件事，很重要。有一批文件和党旗交给你保管，一定要想办法保管好，不要和外人说。藏好文件后，要立即转移，过几天我们就回来。"说完，递给她两个放着文件的小木箱。

杨金花听出了司令员话里的分量，坚定地回答："司令员放心，只要我杨金花有一口气在，就一定保住这些文件。"回到家里，等丈夫老晏埋设地雷回来后，两口子一商量，决定将装文件和党旗的两个小木箱，放进家中仅有的一口小木柜里。

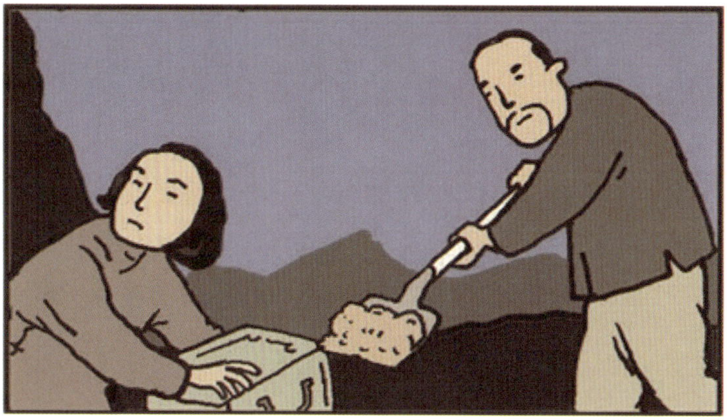

趁着夜色掩护，老晏背起小木柜，杨金花扛着锄头，两人爬上帽子山，在一个隐蔽的山洞里，挖坑把文件柜埋好，还在上面撒上些旧土，以免被敌人发现。

回到家时已近午夜，杨金花又帮通讯站的李队长把电台和不能带走的物品藏进地窖，为了隐蔽还在地窖口堆上些粪便。临走时，李队长又将一头小猪交给杨金花。等部队全部撤走后，她才赶着小猪，向村东山沟撤离。

天亮时，日伪军果然进村"扫荡"来了，他们把平北军分区司令部驻地翻了个底朝天，什么也没找到。于是，一把火烧了几间土房，抢走几头牲畜。

杨金花和乡亲们躲在离村十里远的东山上，见村里冒着浓烟，她心里惦记着藏在山洞里的文件。

那天，黑灯瞎火地藏文件，回来时走得急，也没顾得上擦掉洞口的脚印，万一让日伪军发现可就糟了，她越想越不放心，有点耐不住了。杨金花决定，无论如何也要回去一趟。

▼ 遭遇鬼子和汉奸　纵身一跃跳山崖

往村沟口一看，半里之外就是日伪军搭的一片帐篷，透出微弱的光亮。于是，她连忙赶着小猪，悄悄离开，朝着藏文件的山洞跑去。

刚到山梁，天已渐亮。突然，杨金花发现前面有许多人影在晃动，还能听到皮靴“咔哒咔哒”的响声。糟了，她知道碰到鬼子了，便急忙赶着猪往另一个方向跑，不料小猪却叫了起来。这一下惊动了鬼子，慌忙朝这边开枪，并“嗷嗷”喊着追了过来。子弹“嗖嗖”地从杨金花的头顶飞过，“噗噗”钻到对面山上的泥土里。

杨金花一口气跑到“落落山”的山崖边，眼见敌人就快追到近前，她心想：绝对不能被鬼子活活捉去。于是，她两眼一闭，纵身跳下悬崖。

没想到的是，杨金花恰好被山崖上的一丛荆棘挂住了，但手腕摔断，衣服被剐破，身上多处受伤。日军发现她没死，就把她从树枝上揪了下来，连拉带扯地拖上山顶，用枪托打她。日军翻译问：“你跑什么，哪个村的？”

杨金花一声不哼。一个日本鬼子叫起来：“不说就死啦死啦的！”

翻译见状，上前踢了杨金花一脚，吼道：“快说，是不是给八路军送信的？八路军司令部转移到哪去了？你说了，皇军大大的有赏；若不说，老子崩了你。”说着，便拿出手枪顶在杨金花的脑门上。

杨金花转念一想，落在敌人手里，不如先装傻，蒙蒙他们，便有气无力地说：“我是白岭后山的人，这里住没住司令部我没看见……我家的小猪跑丢了，我们还指着它过年呢……我去找小猪，见到你们我害怕，不小心就掉下了山崖……”

这时，不远处有人说话：“问问她，下山的路咋走？”原来是日军的马夫大队找不到下山的路，就想问她怎么走。翻译传话过来，大声喊：“快说！”

杨金花心想，把他们打发走就好办了，于是断断续续地说：“往……往右拐，再……再往南。”日军信以为真，打了她一枪托，然后一窝蜂地下山了。

杨金花刚松了一口气，忍着剧痛正要起身，日伪军马夫大队后面又过来两人，看着杨金花，一个人对另一人小声嘀咕：“这好像是南碾沟村妇救会主任。”另一个说：“对，我看也像，今天得弄死她，不然对我们没好处！”

仔细一看，糟糕，这不是前几天刚刚投敌的那两个八路军的侦察员吗？“该死的叛徒！”杨金花心里暗骂着，咬紧牙关抓住身边的小树站了起来，准备向山崖上跑去。但是，还未站稳，一个叛徒就追了上来，抓住她就往山崖下推，另一个叛徒则冲过来朝她开了两枪。

▼ 多处受伤捡条命　继续抗日成楷模

杨金花一躲闪，再次掉下了山崖。谁知滚到半山腰时，刚好被一块巨石挡住。两个叛徒还不放过，又冲她连开了几枪。这时，杨金花使出全身力气，一翻身，朝着山下滚去。

滚到山底时，杨金花早已昏了过去。过了好一阵子，她苏醒过来，忍着疼痛顺着山路继续往回爬。由于失血过多，她不知又昏过去多少次。

直到天黑了，杨金花在昏迷中隐约听到女儿的喊声，她想答应，但嗓子好像被什么堵住了一样，就是喊不出声来。

杨金花（前排左二）与家人合影

原来，丈夫老晏在山上等了一整天，还是不见杨金花回去，天黑后听说敌人撤下山去了，便和大女儿出来寻找，终于在“落落山”找到了满身是血、浑身是伤、昏迷不醒的杨金花。

不久，杨金花醒来，发现自己躺在一个山洞里，司令部的姜大夫正在给自己治伤，丈夫和女儿也围在身边。见母亲醒来，大女儿就扑上来，哭着叫：“娘，您醒啦。”

杨金花强忍剧痛对女儿说：“闺女，别哭，别哭，快跟你爹去看看山洞里埋的柜子还在不？”因为，她心里最惦记的还是那些文件。丈夫老晏小声地对她说：“你放心，文件藏得好好的，什么也不少。”杨金花这才微笑着点了点头。

后来，姜大夫告诉她，她的肋部、腋窝、腿部、臀部等多处被枪弹打中，一只手腕和一条腿骨折，还能活下来，真的算是命大。杨金花听了，笑笑说：“这些都没什么，保住文件我就踏实了。”

经过一段时间的治疗，杨金花慢慢恢复了健康，继续坚持抗日活动。当八路军部队返回根据地后，她把用生命保护下来的文件，完整地交到了司令员覃国翰的手中。

1941年3月

周时

夫妻“里外里”配合 日寇“谍中谍”破产

刘 岳

【人物小传】

周时（1921—1978年），山东济南人，原名周文馥，先后化名周时、李玉琴。1940年，在中共晋察冀分局社会部从事党的地下工作。新中国成立后，历任天津市第三医院医师、副院长、中央卫生部监察室副处长、国务院专家局和国务院科技干部局处长等职。1978年12月5日因病逝世，终年57岁。

▼ 抓进日本宪兵队　面对审讯不畏惧

1941 年 3 月，21 岁的李才潜入北平，以西直门内大街 114 号（老门牌）元通祥绒线铺记账先生的公开身份作掩护，开展情报工作，组建秘密电台。

1942 年 2 月 4 日一大早，中共晋察冀分局社会部周时化名“李玉琴”，身穿绸缎棉袍、脚蹬皮鞋，骑着一头小毛驴从海淀温泉附近的孙村直奔北平城里。她要前往西直门内大街 114 号元通祥绒线铺，和丈夫李才会合，一起从事抗日地下情报工作。

周时走到太舟坞村时被两个特务拦住，带到了日本宪兵队温泉据点，温泉日本宪兵队河端伍长是个“中国通”，他轻蔑地对周时说：“你的八路的干活。快说实话！”两个特务也随声附和地催促道：“太君问你，快说！”河端突然掏出手枪，“啪”的一声摔在桌子上，恶狠狠地对周时吼道：“这是什么？不说就不客气了。”

周时毫不畏惧地回答：“枪，我不怕！你看着办吧！”

一看没吓住周时，河端开始了审讯：“你的居住证，涧沟村的？”

“对呀，村公所发的。”周时答道。

一听这话，河端哈哈大笑说：“涧沟是我的管区，温泉以外我都没发居住证，你怎么会有？”闻听此言，周时恍然大悟，原来是地下党组织搞的“良民证”出了疏忽。

▼ 活埋枪毙全不怕　日寇审讯无所获

面对审讯，周时只说进城找丈夫，再不透露其他内容，威胁打骂毫不奏效，河端一时无计可施，气恼地说：“你的，受八路的毒太深。”周时被押回牢房，她决定绝食，坚决不动日本宪兵送来的饭菜。

第二天，河端又开始审问，还是老一套，威胁、利诱加恐吓，周时就是不承认是八路，除了骂汉奸、特务外，没别的话。河端急了，又掏出手枪问道："这是什么？"

"枪！昨天看了。"周时平静地回答。

河端拿出5粒子弹，对周时说："你不说就死啦死啦的！5粒子弹，你的挑，哪一粒打死你？"

周时轻蔑地说："随便！"

河端拿起笔，在纸上写了几个汉字递给周时，只见上面写着："天命你死。"然后他摆摆手，示意特务把周时拉出去。周时没有犹豫，自己走了出去。当两个特务把她拉到后面大院时，中途又折回来了。只见河端又写道："天不叫你死。"原来，这是个假枪毙的伎俩。

第三天，继续审讯，仍然一无所获。河端示意几名日军、特务，把周时拉到外面空场上。那里早已挖好了一人多深的土坑。到了坑边，特务们从后边一把将她推了下去。周时在坑里费力地站起来，特务又一脚踢过去，她倒下了，但又努力地站了起来。

突然，一锹一锹的黄土落到周时身上，一支枪口从后面顶着她的头。最后的时刻是否到了？想到这儿，周时不顾黄土呛口迷眼，高呼："打倒日本帝国主义！"就在这一刹那，凄厉的枪声响了。周时感到血往上涌、脸发涨、头发晕。她闭上眼睛，等待着光荣牺牲。几秒钟静止后，她觉得奇怪：怎么还没死？心里想：第二枪就要来了。

空场上静极了，空气仿佛凝滞了。几分钟后，两个满脸不解的特务把周时从坑里拉上来。她气愤地质问："我没罪又不放我，该死又不叫我死，你们到底要干什么？"河端伍长冷笑着说："怕死的才死，你的不怕死，不叫你死。"

▼ 丈夫探监传信息　假意逢迎待时机

2月9日，是周时被捕也是她绝食的第六天，开饭时间到了，特务把饭菜摆上桌子，让周时坐在上座。河端、特务等纷纷劝她吃一点，但周时坚决不吃。就在僵持不下之时，门帘儿一挑，走进来一个穿黑皮袍、戴礼帽、手里提着两大瓶酒、相貌英俊的小伙子。周

时定睛一看，脸色大变，心怦怦地跳，来人正是周时的丈夫、中共晋察冀分局社会部平津情报组的骨干成员李才。

李才是被河端伍长找来的。被捕后周时5天不吃饭，只喝一点水，身体越来越虚弱。河端伍长着急了，他很欣赏周时的刚烈，狂妄自大地想：如果征服了这个中国女子，稍加训练，派回平西八路地盘，岂不更好。如果周时饿死了，计划就泡汤了。于是，河端决定派人进城，找李才感化周时，从而实现他的“逆用谍”的计划。

2月9日上午9点，特务李级三奉河端之命来到元通祥绒线铺，请李才12点跟他到温泉走一趟。趁着李级三到前门办私事这3个小时，李才和平津情报组组长陈叔亮商量决定：李才不撤往根据地，而是到宪兵

【史迹寻踪】

平西情报交通联络站纪念馆

2009年4月13日，位于门头沟区妙峰山镇涧沟村的平西情报交通联络站纪念馆正式开馆，成为北京第一个公开展出的以情报战线为主题的展览馆。平西情报交通联络站是1941年初根据中央社会部意见，中共中央晋察冀分局社会部建立的，主要任务是领导平津和东北地区情报工作，护送人员、运送物资、进行电讯联络等，一直工作到1949年1月北平和平解放。近10年间，在平西站工作的人员近100名，其中牺牲10人。

队见周时，一口咬定与她音讯断绝多年，不了解她近几年的情况，机智应对周旋，绝不能让案情扩大。

李才返回绒线铺不久，特务李级三就从前门回来了。李才请他到西四牌楼龙泉居饭庄吃饭，席间表示：“李玉琴”是自己的媳妇，3 年前被八路掠走了，请他在河端伍长面前美言，说完递上 100 元钱，特务李级三半推半就地“笑纳”了。

下午 3 点钟，李才和酒足饭饱的李级三离开饭庄赶往温泉。路上，李才从李级三嘴里得知，河端有个中国姘头，到温泉后又备了份礼物先“孝敬”她。拿了好处的李级三还有河端伍长的姘头，自然在河端面前给李才说好话，使河端相信李才是个安分守己的小商人。

这一切周时浑然不知。李才进门后，周时下定了决心：坚决不认李才，要牺牲就牺牲自己一个人。

看到憔悴无比的周时，李才边哭边说：3 年前走亲戚时媳妇如何丢的，家里日子过得如何不容易，想把媳妇带回家安心过日子，做个好老百姓，等等。开始周时有些迷糊，听着听着明白了，毕竟她也是受过特工训练的人。原来这是李才在教给她另外一套口供，要她配合。

李才一番痛哭流涕的表演麻痹了河端，他觉得李才就是一个老实的小商人。他似乎有点自我陶醉，觉得他是谍报高手，周时这块硬骨头就要啃下来了，“逆用谍”的计划就要成功了。想到此，河端自信满满地带着特务、汉奸走了，留下李才、周时夫妇俩说说私房话，让李才劝劝媳妇，别“执迷不悟”。

机会千载难逢。李才用拉家常的方式，把应该说的“口供”告诉了周时，并指出被捕后不怕牺牲是对的，但不能单纯等死，要用各种方法欺骗敌人，创造机会逃出去。

▼ 穿过据点铁丝网　返回抗日根据地

周时明白了，她开始吃东西了，这让河端很兴奋，觉得自己的“软化”政策就要成功了。他傲慢地对李才说：“媳妇是你的，但现在不能领走。你要常来，劝劝她！”

一场危机就这样化解了，李才隔几天就来看望周时，自然也少不了给特务、汉奸以及河端的姘头送礼。

自从和丈夫李才见面后，周时“变了”：吃饭了、不骂特务了。她想妈妈、想丈夫、想跟丈夫一块回家。这一番假象还真迷惑了河端，他觉得周时被“软化”了，监视也渐渐放松了。

又过了些日子，河端决定让周时“潜回”边区。按照河端设计好的计划，3 月 8 日后半夜 3 点多钟，周时悄悄起床，拿着河端给的手枪，从小屋后门溜出去，等在门外的河端亲自护送她绕过据点的铁丝网。等周时向西跑出二三里地后，河端从后面打几枪，表示发现周时逃跑了。枪响后，他让日本宪兵向北追出几里地，到几个小村子搜查一番。

日寇真是自作聪明。周时成功脱险，回到了平西根据地，向平西情报交通联络站站长王友详细报告了经过，接上了组织关系。

温泉“谍中谍”，周时赢了，河端伍长彻底输了。

1942年初冬

王文

夫妻潜伏什刹海　密台电波传千里

刘　岳

【人物小传】

王文（1917—1992年），原名吴启满，安徽省金寨县桃岭胡店村人。1931年参加红军，1934年加入中国共产党。长征到达陕北后参加西路军，1938年到莫斯科学习无线电通信和情报工作。回国后在北平、上海等地从事情报工作。新中国成立后，历任天津市公安局副处长、处长、副局长等职。1992年7月因病逝世。

▼ 什刹海畔新人家　这户来路很传奇

1942 年初冬，天气开始转冷，槐树叶掉了，门楼上的毛毛草干枯了，北平的街巷胡同显得有点冷清。但是，鼓楼脚下、什刹海岸边的烟袋斜街依然是人来人往，显得有几分热闹。斜街西口东北向的小石碑胡同，虽然近在咫尺，反倒显得有点寂静。

几天前，胡同 11 号小院搬进来一位陈老太太，长得富态，穿得也体面，家里收拾得很利落，只等“儿子”回来。

门口的小门“吱”的一声响，一位身穿长袍、长得十分精神的小伙子回来了。他一进门，就高声地喊道：“妈，我回来了！”这一嗓子，声不小，有点南方口音，街坊四邻都听见了。过了几天，儿媳妇也来了，和婆婆一样，也是一口河北乡音，穿得挺光鲜的。

其实，这一家三口就是来北平潜伏的陈老太太、王文和王凤岐。

丈夫王文（此时化名陈尽忠）原名吴启满，媳妇王凤岐原名刘桂芬，他们俩都是中共中央北方分局社会部平西情报交通联络站情报人员，到北平建立秘密电台。而陈老太太则是情报站为他们俩找的“妈妈”。

陈老太太“一家”的合影

在朋友“七哥”叶绍青的帮助下，通过关系，上了“北京”的户口。儿子每天到书店照顾生意，婆媳俩操持家务，表面上日子过得还算体面。

11 号院子住着两户人家，陈老太太家租了两间小平房。因为院子小、房少，又有点吵，不久，一家三口搬到了旧鼓楼大街西边、紧邻着北城墙的大石桥胡同 7 号。7 号独门独院，南、北两个院 6 间房，宽敞、气派、安静。屋子内一水儿的老式红木家具，古色古香，很有书卷气，透着身份。更可心的，房东是位姓付的日本宪兵队翻译官，对门儿是个在伪警察所混事的张警长。在日本人占领的北平四九城，有这么二位“罩”着，谁还会来找麻烦。

平西情报站规定，王文和王凤岐3个月内不准活动，主要是熟悉环境，了解街道、胡同情况。一晃3个月过去了，他们在北平站稳了脚，开始工作。

▼ 北平城内组电台　半夜发报用物奇

黄浩情报组成员“七哥”叶绍青，把王文在妙峰山游击区使用过的5瓦干电池发报机，托法国朋友贝熙业大夫用汽车秘密运进北平。没承想，这北平城不同于山里，交流电线多、干扰大，天线又不能架得太高，电台输出功率太小，和平西情报站的电台一直通联不上。经平西情报站领导同意，王文决定自己组装一部发报机。

在日伪统治下的北平城组装一部电台，其困难和危险可想而知。王文决定化整为零、分头购买电台零件。隆福寺、护国寺、白塔寺举办庙会时，马路便道上有些人摆旧无线电地摊的，卖些旧零件。王文就趁赶庙会时，有合适的就买一件。

经过两个多月的游击采购，刻度盘、真空管、大小电阻、电容器、锡、松香、烙铁等器件终于买齐了。他运用在莫斯科所学的知识，计算、设计、画图，开始组装电台。没有工具，他就用剪子、斧子、菜刀、生煤火的通条，土法上马，在南屋昼夜组装。一台有3个6L6真空管、输出功率30瓦的发报机，终于组装成功了。此外，王文还搞到了一部美国海军用的长短波两用收音机，改作收报机。

在日伪统治下的北平，不可能明目张胆地高高架起天线，必须伪装。于是，王文就弄了根粗铁丝，白天是晾衣服绳，晚上搭上电台的线，就成了天线。为了增加天线的长度、高度，王文将天线拴在两根竹竿上，放在南房上。

为避开日伪侦测台监听时段，王文就在后半夜2点到5点，抓住空隙，与社会部电台通联。除了打时间差避开日伪侦测台，他还大胆地模仿日伪电台报务员的手法，就是日伪电台的报务员听到呼叫，也会以为是自己人的电台在工作。还甭说，这招很好使。

夜间发报不能让外面看到一丝光亮，用一个 2.5 瓦的小灯泡照明，王文还是觉得亮，他用红绸子缝了一个双层的小口袋，套在灯泡上。为防止透光，窗户也用专做的棉垫堵上。

夜深人静，电台发出的任何声响，都可能引起邻居怀疑。于是，王凤岐穿上她自己做的软底布鞋，夜间走路没一点声响。夜间放天线，要过三道门，她在门轴合页里滴上几滴油，开门时就没有了吱吱声。她还在竹竿上套上半米长的棉袋子，往瓦房上放天线，竹竿就是碰到瓦片，也没有一点声儿。

▼ 养鸡化解经费难　突发情况撤离急

对外，王凤岐是位职员太太，很光鲜。可实际上，他们一家的日子过得很紧巴。当时，党的地下活动经费很紧张，组织给他们的经费，都是由交通员从根据地秘密带来金戒指，然后他们自个儿再换成北平城里花的伪币。有时交通员进不来，经费接济不上，一家三口搞得连饭都吃不上。

贫苦人家出身的王凤岐有办法。天黑以后，她换上旧衣服，悄悄地到菜市场拣别人掰剩下的菜帮子、破叶子、不要的烂萝卜，回家洗一洗，放点盐煮着吃。她还养起了鸡。养鸡的好处真不少，可以吃鸡蛋，给王文补身子，和翻译官太太、警长太太拉关系。更主要的是借喂鸡、捡鸡蛋、开门找鸡的机会，可以观察院子内外、胡同里的情况，看看有没有异常、有没有可疑人员，而且别人还不会发觉。

就这样，什刹海畔发出的红色电波，飞越古城传到平西，日本宪兵、汉奸侦缉队一点辙都没有。

1943 年 8 月 7 日，“七哥”叶绍青急匆匆赶来通知王文、王凤岐：藏好电台，立即撤离。突发情况来得急，8 月 5 日深夜，设在阜成门内翠花横街 9 号的中央社会部的一部秘密电台，被日本宪兵当场起获，王文的秘密电台只好立即撤离。

趁着夜色，王文和王凤岐将发报机装在一个煤油桶里，在北院挖了一个深坑埋起来，在上面砌了花池，种上花。夜里9点多钟，王凤岐又用红皮包包裹好改装的收报机，送到东四十一条胡同西口交接点，交给了地下交通员黄云。

顺利转移了收报机，王凤岐感到一身轻松，沿东四大街急匆匆地往北走。就在这当口儿，路边黑影中闪出一个穿土黄上衣的家伙，快步靠近她，学着日本人说话的腔调对她说："我的金票大大的有，你的我的楼上的快活。"

在北平"潜伏"时的王凤岐

"土包子"王凤岐还真没见过这场面，她的第一判断是：这家伙肯定是侦缉队的，我必须甩掉他。急中生智，她学着那家伙的腔调威胁说："你什么的干活？我哥哥宪兵司令部的干活。你八格牙路，你的我的司令部的说话。"

说罢，王凤岐还真朝东四大街日本宪兵司令部方向走去。这时，她感到心跳得厉害，步子迈得更快了。走了七八步，再回头一看，那家伙没了。恰巧一辆拉夜活的洋车经过，她赶紧招手，上三轮车走了。怕有人跟踪，中途还换了辆三轮车。

话说这边，见王凤岐到时间还没有回来，恐生意外，"七哥"叶绍青便去找她。大海捞针般找人的叶绍青，猛然看见坐在洋车上的王凤岐，赶紧叫住她。王凤岐下了车，语速飞快地给"七哥"讲述刚才惊险的一幕。听罢"七哥"一笑，安慰她说："那家伙好像是个耍流氓的。你都把他吓跑了，你还怕啥！"

王文撤到了河北阜平史家寨中共晋察冀分局社会部机关。房子退了，户口也销了，不过王凤岐并没有出城，而是在北平继续潜伏，直到抗战胜利后才撤回解放区。

▼ 潜伏生涯情报准　直抵十万兵马集

1944年2月，一切平静后，王文再次潜入北平，继续开展情报工作。两个月后，中共晋察冀分局社会部部长许建国派遣王文前往上海，到李振远情报组和郑凯一起继续做地下电台工作。

1946年10月15日，王文第三次潜入北平城建立秘密电台，掩护身份是阜成门内巡捕厅胡同（今民康胡同）影悟无线电商行的技术员。

1947年10月20日至23日，在朱德、聂荣臻、罗瑞卿的指挥下，解放军在清风店地区歼灭国民党新三军军部、第七师、二十二师六十六团、军直特务营17000多人，活捉了中将军长罗历戎、中将副军长杨光钰。清风店战役大捷后，聂荣臻司令员称赞道："我们的情报组织抵得上十万兵马！"这个情报就是王文电台发出的。

随后，王文又将石门（今石家庄）国民党军队兵力空虚、敌人内部矛盾重重、增援迟缓、建议攻打石门的情报相继发出。

1947年11月12日，晋察冀解放军再接再厉，解放了石门，全歼守敌24000余人。从此，晋察冀、晋冀鲁豫两大解放区连成了一片。

1949年1月31日，北平和平解放。王文结束了在北平的潜伏生涯，随中共华北局社会部部长许建国赶赴天津，接管天津市警察局。不久，长期分居的妻子王凤岐也来到天津，一家人终于团聚了。

1944年7月

许言午

马家堡站造事端　日军人亡列车翻

刘　岳

【人物小传】

许言午（1912—2005年），辽宁本溪怀仁县（今桓仁县）人。1936年加入中国共产党。1945年8月至1948年3月，任中共北平铁路工作委员会所属的前门地区铁路工委委员。新中国成立后，曾任成都铁路局副局长等职，1982年离休。2005年8月23日因病逝世，享年93岁。

▼ 得意洋洋进车站　十分钟后车倾覆

1944年7月11日一大早，前门内、天安门前、长安街、东单到铁狮子胡同一带全部戒严。前门东站站前广场、候车室的旅客都被赶走了。9点40分，几十

辆汽车组成的车队向前门东站开来，其中第二辆车插着一面耀眼的小黄旗，这是日军将级高官坐车的标志。这名日军将官下车后，随着一声吼叫，车站警戒的日军齐刷刷地行举枪礼，看来这家伙军阶够高的。

前门东站第一站台停着一列快车，机车后面挂着3节公务车厢，其中第一节是大玻璃包着半个车厢的“展望号”高级车厢，后面是两节客运车厢。这是从北平开往青岛的304次特快列车。前来送行的日伪高官不少，穿着天蓝色大褂、留着大胡子的就是伪华北政务委员会委员长、汉奸头子王揖唐。

上午10点整，列车开动了，送行的日伪头子纷纷离去。前门东站日本站长田中辛雄如释重负般地走回站长室，车站也解除了戒严，恢复了正常秩序。

15分钟后，站长室的电话突然响了起来，是日伪路局“司令电话”（也就是调度电话）。站长田中辛雄拿起电话没听几句，就见他脸上的傲慢瞬间消失，

【知识链接】

马家堡车站

建于光绪二十三年（1897年），由英国人监造，西洋建筑风格，是津（天津）卢（卢沟桥）铁路北京方面的起点，也是北京历史上第一座商用火车站。1900年，义和团运动在山东、天津、河北风起云涌。6月12日，义和团员用一把竹扫帚点燃了整个大楼，马家堡火车站被付之一炬，当地人称之为“火烧洋楼台”事件。《辛丑条约》签订后，1902年慈禧太后从西安启銮回京，在马家堡火车站下车后，乘八抬大轿回宫。同年马家堡站撤销并北移1公里，在新修的京汉铁路旁边建马家堡临时停车站。光绪三十二年（1906年），铁路从马家堡经永定门修到北京前门东侧，建前门火车站，原马家堡站逐渐荒芜。

然后一个激灵站了起来，又弯腰又鞠躬，嘴里一个劲地说着："哈伊！哈伊！"鼻尖上渗出了汗珠，脸色铁青。电话接完了，他将电话狠狠地摔在桌子上，连桌上的玻璃板都震碎了，用日语向在站长室值班的中国员工吼道："快上楼把警报拉响！"

刺耳的警报声一响，大家还以为是美国飞机来轰炸了。田中辛雄气急败坏地对站在站长室前的人员说："304次特快在马家堡出事了！大家快上救援车，去现场抢救！"

【知识链接】

《秘密列车》

中国铁路文工团说唱团评书演员田占义等人，以许言午等中共铁路系统地下党员的斗争事迹为素材而创作的长篇评书，共39回，先后在中央人民广播电台、北京电视台录音、录像播放，书稿由中国曲艺出版社出版。评书中的主人公——北京前门火车站司磅员、共产党员郭雁的原型之一就是许言午。

▼ 技术事故做掩护　施巧计倾覆列车

马家堡车站到底出了什么事故？站长田中辛雄为何如此失态恼怒呢？

田中辛雄到马家堡车站现场一看，一片狼藉。只见304次特快的车头和5节车厢冲出土挡，全部翻在铁轨边的土路上。尤其是第一节"展望号"高级车厢，是三道木梁结构，在后面二、三等铁结构车厢的巨大撞击下，扭成了麻花状，豪华车厢里的23名日军将、佐、尉级军官无一幸免。马家堡列车倾覆事件太大了，震惊了华北日伪当局，也震惊了日本国内的有关部门。

当时，马家堡站是个小站，专门用于会车，没有任何客货业务，只有3间房、4名员工，站长叫许言午。1931年九一八事变爆发当天，因日军占领家园，许言午同很多东北人一样，不得不踏上了艰难的逃亡之旅，只身逃到北平，在丰台

1939年许言午与郭蕴结婚照

火车站谋了一份差事，后来他曾在北平至塘沽一线的多个车站任职。1936 年，许言午加入中国共产党，成为中共北平铁路工作委员会的一名地下党员。车站扳道员申连科，身材高大，是地下党的积极分子，另外两个人也是扳道员。

7 月的北平，阴雨连绵。一天，申连科对许言午说：“老许，道岔信号电线老了，下雨的时候信号灯乱变，要不要修一修。”许言午听了这话，会意地一笑，小声地对申连科说：“管他呢，甭修了，这也许对我们有用。”

7 月 11 日上午，天公作美，正好下小雨。路局方面通知，要求沿途注意保护从北平开往青岛的304次特快。许言午想：车上肯定有日伪方面的大人物！何不利用这个机会，以技术事故做掩护，施巧计倾覆列车，打击日寇？

10 点过后不久，304 次特快终于露头了。它喷着浓烟，以 75 公里的时速耀武扬威地向马家堡车站奔来。列车离车站越来越近了，许言午向申连科示意，申连科立即打出列车从干线通过的信号，同时却将道岔扳到会车的停靠线上。304 次特快日本司机看到信号桩的通过信号，丝毫没有减速。就听轰的一声，列车冲出铁轨，撞向铁轨尽头的土堆，后边的车厢一节挨一节地撞击起来。

▼ 要亲见撞车成果　遇故交悄悄放行

任务完成了，申连科消失在夏日的蒙蒙细雨中。但许言午没有马上离开，他要看一看自己的“战果”。看到日本军官血肉模糊的尸体，他的脸上露出了胜利的喜悦。

出了如此重大的“事故”，许言午再也无法待下去了。他回到站房，拿起雨衣，准备撤到根据地去。

就在这时，车站上出现了一队伪警察。蹊跷的是，伪警察并没有包围站房，只有伪北京铁路局警务部警务处长刘建章一人走进站房。

两人相视一愣，就见刘建章一跺脚，低声说：“老许，你真糊涂！”听了这话，许言午赶紧从站房后门溜走了。

伪警务处长怎么会放走许言午呢？原来，许言午在正定火车站当副站长时，刘建章是日伪方面的特高课长，两个人经常做一些物资交易。不同的是，一个为抗日根据地，一个为日伪方面。今日老朋友见面，素有爱国思想的刘建章故意放了老朋友一马。

迅速赶来的日本宪兵、伪警察封锁了马家堡车站，并从丰台车站出动兵力救援，并严令过往列车放下窗帘，任何人不准向外张望。为了缉拿“凶手”，日伪当局贴出布告，捉拿许言午、申连科二人。

第二天，日本特务机关将伪北京铁路局警务部和警务段的一些汉奸特务抓走严加审讯。原来，出事的前几天，前门站站长室接到“野铁司令部”的指令，将304次特快尾部加挂3节公务车厢。路局警务部和警务段的汉奸特务献媚，建议将3节公务车厢挂在机车后面，到天津掉头时正好变成了列车尾部，这样最安全。前门站长田中辛雄对这个建议很赞赏。但是事故一出，日本特务机关认为这些特务和事故有关，于是就把他们全部抓起来了。而事故的真正制造者许言午，在地下党组织的安排下，经过秘密交通线，回到了平西抗日根据地，向中共晋察冀分局城工部部长刘仁汇报了马家堡事件的经过。

▼ 戏剧性地被请回　继续潜伏故事多

戏剧性的变化在后边。半个月后，又是304次特快，又是在马家堡车站，又一次发生了信号灯放行而道岔没有并轨的情况。这次被日本火车司机发现了，火车紧急刹车，停住了。经过检查，发现是信号线路出了问题。日伪北京路局方面由此联想到上次事故，觉得应该也是“技术事故”，“冤枉”了许言午、申连科。于是，发出通告，要求许、申二人回来上班。经过中共晋察冀分局城工部和“铁委”领导的同意，许言午回到马家堡车站，不久升任西直门站副站长，继续从事党的地下工作。

抗战胜利后不久，1945年12月6日，由于叛徒的出卖，许言午被国民党“军统”特务抓进了监狱。1946年9月18日凌晨，他和另外5人一起成功越狱，在河北保定地下党的掩护下，回到了解放区。9月21日，北平《世界日报》第一版上，以“越狱”两个醒目大字为标题，发表了一条简短消息：“某看守所要犯高子玉、李同林、雷文成、金瑞繁、许言午五犯，于昨日越狱潜逃。刻当局正在严密查缉中。”这则消息在当时的北平城内外引起很大震动。

新中国成立后，许言午一直在铁路系统工作，直到1982年离休。2005年8月23日，许言午因病逝世。就在他逝世前几个月，为纪念抗战胜利60周年，北京市委党史研究室与北京电视台合作拍摄电视专题片《京华抗日战地行》，委托成都的电视同行，在医院采访了病中的许言午。他又一次回忆了当年马家堡的惊天壮举。本想让许老多解答几个问题，无奈许老病得很重，只好作罢。不久，笔者给许老家打电话，本想继续请教时，传来的却是许老逝世的消息，成为无法弥补的遗憾。

HOUJI

后记

没有英雄的民族是可悲的，忘记英雄的民族是可耻的。

在纪念中国人民抗日战争胜利暨世界反法西斯战争胜利 70 周年之际，中共北京市委宣传部组织策划了抗战主题丛书“北平抗战实录”。该丛书获得中宣部和国家新闻出版广电总局“纪念中国人民抗日战争暨世界反法西斯战争胜利 70 周年重点出版物”（100 种）；入选北京市 2015 年度文化精品工程重点项目；获得北京市新闻出版广电局专项资金奖励；获得北京市社会科学理论著作出版基金重点资助项目。

上述丛书共 12 种，我社有 3 种入选，《永远的丰碑——北平抗战英雄谱》即为其中之一。

《永远的丰碑——北平抗战英雄谱》与我社《家风的传承——我们家永远传承的抗战故事》在内容和精神上为姊妹篇章，前者是追忆逝去的英雄，后者是对依然健在的英雄致敬。值得一提的是，该书内容与我社《文物背后的抗战故事》也相得益彰，书中不少英雄故事，如邓华、许言午、白乙化等英雄人物的事迹在《文物背后的抗战故事》中以一个新的视角、新的故事呈现，是对《永远的丰碑——北平抗战英雄谱》的一个补充和印证。

该书由中共北京市委党史研究室和北京青年报社共同策划组稿。党史研究室从掌握的一手素材入手，精心挑选京华英雄的人选，广泛搜集人选的背景资料，并对英雄的后人以及相关人等进行走访了解，前后历经近两年辛苦编撰而成。北京青年报社专为此稿配漫画作品，并将部分作品在报上连载，获得了非常不错的社会反响。

因此北京市委宣传部将该书收入“北平抗战实录丛书”。市委宣传部出版处负责同志对该书做了大量的组织、协调和指导工作，在此，由衷地表示感谢！

北京市新闻出版广电局和北京市社会科学理论著作出版基金给予该选题的肯定和资金扶持，确保了图书前期制作方面的顺利进行，对此我们深表感谢。

该书在作者方的策划下，力求在众多反映北平地区抗战英雄的作品中脱颖而出，具体说来主要是采用“四新”撰写方式。

一是人物新。本次入选该书的英雄有些是大家耳熟能详的人物，如佟麟阁、白乙化等，有些则是报道较少的人物，如岳坦、刘恭、赵起、冯运修、周时等。

二是材料新。有些英雄人物虽然大家耳熟能详，但是本书所选取的素材可能是读者从未看到的，或者是刚经过佐证而使用的材料。

三是角度新。不少英雄人物相关的作品很多，例如像赵登禹、白乙化、邓玉芬等，报道也不少，但本书从新的视角入手，以英雄人生经历的横截面入手展开论述，摘取其主要的、鲜见的抗战经历为主要线索展示英雄的光荣人生。

四是体例新。在撰写每一个英雄人物时，先以一两百字简述“人物小传”，然后用二三千字的篇幅，以横截面方式讲述英雄传记。同时配有“史迹新证”“史迹寻踪”等新挖掘或知识链接，方便读者从全方位了解英雄人物。

而我社在稿件的编辑加工过程中，对入选本书的45位英雄进行了仔细推敲，找出时间轴作为其内在线索，对其进行新的编排设计，以时间轴方式——即书中描写该人物事迹的主要时间——排版设计，为该书的“四新”再添一新。

通过作者和出版方的努力，我们希望呈现让人耳目一新的北平抗战英雄图谱。

中共北京市委宣传部为该书组稿阶段组织了专家论证会，相关专家为该书提供了宝贵意见和建议。军事科学院的专家对全书稿件进行细致审读，提出了优化意见；吴瑰琦老师周末帮我们加班质检该书，提出了很多中肯意见。在此一并表示感谢。

另外特别感谢北京市青少年音像出版社李跃社长，当得知该项目需要使用一些北平抗战英雄视频资料时，李社长在短时间内帮我们寻找素材，并第一时间转给我们使用。

在该书的后期制作阶段，感谢北京电视台新媒体发展中心的诸位同仁为该书的二维码制作付出的努力。

当作者方，专家以及默默在背后支持、配合该书出版的所有单位和个人都在为此书出版付出努力时，我们感受到了大家对英雄们的敬意，我们感受到了英雄们传递的正能量。

即便正义的战争，也是残忍的，但同时更是伟大的，因为它铸就了英雄，更铸就了英雄的品格。当我们翻开这些散发着油墨香气的书页时，英雄的品格就在其中流淌；当我们感动于那些绞刑架下安详的面孔时，英雄的精神已在传承；当我们沐浴着那些顽强不屈、视死如归、先天下之忧而忧后天下之乐而乐的精神品格时，英雄又重新回到我们的灵魂里。

这就是英雄不死的魅力！

愿英雄的灵魂得到安息！

相信英雄的品格精神与中华民族永远同在！

北京燕山出版社

2015 年 8 月 15 日

守护老兵 守护我们的精神家园

——为抗战老兵售书捐赠活动

2015 年正逢中国人民抗日战争胜利暨世界反法西斯战争胜利 70 周年之际，在中共北京市委宣传部的组织下，多家出版社联合推出了“北平抗战实录丛书”12 种，北京燕山出版社有限公司（以下简称北京燕山出版社）参与了其中 3 种，即《文物背后的抗战故事》《家风的传承——我们家鲜为人知的抗战故事》《永远的丰碑——北平抗战英雄谱》的出版工作。

在策划、出版上述图书过程中，项目团队接触了大量曾经亲身经历抗战的老兵及其后代，有幸了解了他们的生活状态，被他们的爱国精神和民族气节所感动，切实感受到他们是“最可爱的人”。目前北京地区可能还没有专门服务于抗战老兵群体的组织，作为负有高度社会责任感的出版企业，我们决定以“售书捐赠”的形式，为老兵做一些力所能及的事。

此次捐赠由北京燕山出版社发起，并通过北京文物保护基金会（以下简称基金会）进行公开捐赠。基金会由北京市文物局主管，旨在为文物保护事业筹集资金，开展修缮、咨询、专业出版等工作。

经过双方协商，形成如下决定：

一、本次活动的捐赠来源及方式

（1）从北京燕山出版社上述 3 种图书的公开销售（包括新华书店系统、民营书店系统以及电商平台）中，按每销售 1 册提取 1 元的比例，捐赠给生活困难的抗战老兵及其家庭。

具体操作方式为：北京燕山出版社提供并公开销售数据，由基金会查验后，按照捐赠方式约定计算出捐赠资金。北京燕山出版社将该笔资金汇入基金会账户。双方召开现场捐赠会。

（2）抗战主题书法作品义卖所得。在捐赠会的现场，将书法名家向彬先生 3 幅抗战主题书法作品进行义卖，所得收入全部作为捐赠资金。

二、捐赠对象

经相关部门和相关组织的共同努力，汇总抗战老兵（包括但不限于上述 3 种书涉及的老兵）及其家庭名单。在征得他们同意后，经过相关部门、北京燕山出版社和基金会共同筛选，最终确定接受募捐的对象。

三、捐赠时间

（1）2015 年 12 月 13 日。

（2）2016 年 8 月 15 日。

四、活动公开与监督

两次现场捐赠之前一周，北京燕山出版社将销售数据和捐赠额度公布在官方网站、官方微博以及微信公共号，上述网站等相关信息请查看本书版权页。基金会也将同时发布相关信息。欢迎社会各界关注。

北京燕山出版社有限公司
北京文物保护基金会
2015 年 8 月 15 日

售书捐赠